5-7, rue de l'Ecole-Polytechnique, 75005 Paris

www.harmattan.com

ISBN : 978-2-343-10482-9
EAN : 9782343104829

La loi sur le statut de l'opposition à Madagascar : un mal nécessaire

Collection « Études africaines »

dirigée par Denis Pryen et son équipe

Forte de plus de mille titres publiés à ce jour, la collection « Études africaines » fait peau neuve. Elle présentera toujours les essais généraux qui ont fait son succès, mais se déclinera désormais également par séries thématiques : droit, économie, politique, sociologie, etc.

Dernières parutions

Guy MVELLE, *L'aide française en Afrique. Les mutations via les contrats de désendettement et de développement (C2D)*, 2016.

Gaston MUTAMBA LUKUSA, *L'économie congolaise de 2007 à 2016, Persistance des facteurs d'enlisement en RDC, 2016*

Hervé LADO, *Dynamiques politico-économiques dans l'histoire du Nigéria, Évolution historique des rapports de force entre élites et non-élites*, 2016.

Paul LANDO, *Territoires du vodoun en milieu urbain, Le cas de Ouidah en République du Bénin*, 2016.

Josué GUÉBO, *Dictionnaire des mots et expressions du français ivoirien*, 2016.

Christine THÉODORE, *Objets d'initiation. Rencontre avec un chasseur dozo. Échanges d'objets et modifications des interactions*, 2016.

Pierre Kamé BOUOPDA, *Histoire politique du Cameroun au XXe siècle*, 2016.

Théophane AYIGBÉDÉ, *Déchets solides ménagers et risques environnementaux au Bénin*, 2016.

Tidiani SIDIBE, *L'essentiel du management d'une banque commerciale. Du front office au back-office*, 2016.

Justelle MATSITSA KIANGATA, *Conscience historique et devenir des États africains*, 2016.

Alhousseini MOULOUL, *Les Touaregs du Niger. Chroniques des années de braises*, 2016.

Emmanuel KAMDEN, *Innovation entrepreneuriale et développement durable en Afrique : défis et opportunités*, 2016.

Albert B. KALONGA LUSE-LUA-NZAMBI, *Désarmement, démobilisation et réintégration des enfants-soldats. Échec au Sud-Kivu ?*, 2016.

Zakaria FADOUL KHIDIR, *Anthropologie des populations tchadiennes. Les Béri du Tchad*, 2016.

Célestin HITIMANA, *Rwanda : deux siècles de crimes contre l'humanité*, 2016.

Maximin Lucien DA, *La noix de cajou, levier de développement local au nord-est de la Côte d'Ivoire, Contribution au développement socialement durable, Cas du district du Zanzan : Gontougo et Bounkani*, 2016.

Toavina RALAMBOMAHAY

La loi sur le statut de l'opposition à Madagascar : un mal nécessaire

Préfaces du **Pr. Jean du Bois de Gaudusson**, Agrégé des Facultés de droit- Professeur émérite à l'Université de Bordeaux- Membre de l'Académie des Sciences d'outre-mer et de **Kazadi Mpiana Joseph,** Docteur en Droit international et de l'Union européenne de l'Université de Rome, « La Sapienza », Professeur associé à l'Université de Lubumbashi (R.D. Congo).

L'Harmattan

Du même auteur

Comparatif Madagascar - Maurice. Contribution au développement de Madagascar, L'Harmattan, Paris, mai 2013.

Madagascar dans une crise interminable, éditions L'Harmattan, Paris, janvier 2011.

Tableau des idées politiques, éditions Jeunes malgaches, Antananarivo 2009.

Résumé

L'année 2011 a vu la naissance de la loi portant statut de l'opposition à Madagascar. Elle est censée concourir à désamorcer les crises et à favoriser des alternances démocratiques. Cette loi fait partie des diagnostics des crises précédentes.

Dans la recherche académique, les études sur l'opposition à un régime sont les moins nombreuses. Celle-ci veut évaluer la pertinence de l'existence même de cette loi, l'expliciter c'est dire voir comment elle marche et la corréler avec la réalité politique. Une des questions fondamentales à laquelle nous essayons de répondre ici peut être formulée en ces termes : « le poste de chef de l'opposition peut-il être vacant ? » Des éléments comparatifs seront convoqués dans l'analyse.

Tout nouveau, il convient d'abord de voir son utilisation pratique (ce que fait cet article en forme de Questions-Réponses), après, sans doute un autre travail doctrinal s'imposera.

Mots clés : Loi - chef de l'opposition- crise – parti politique - démocratie.

Summary[1]:

The law about the opposition status was adopted on 2011. It is thought to contribute to relieve crisis and promote democratic alternation. This law belongs to previous crises diagnoses. In the field of academic research, studies about opposition are the least.

This type of research expects to evaluate the pertinence of the very existence of such law, to explain it and see how it works and correlate it with politic reality. One of the fundamental issue we try to answer here is "does the position of opposition leader can be vacant". Comparative elements will be used in analyze.

Brand new, It is necessary to see first its practical use (what this article in form of Questions and Answers does), after, another doctrinal work will be probably necessary.

Key words: leader of opposition- law- crisis- political party- democracy

---

[1] By Caetha RANDRIAMBOAVONJY.

[L'opposition] est une « nécessité » et son existence est aujourd'hui encore tenue pour le critérium d'une « démocratie véritable ».

BURDEAU, G., *Traité De Science Politique,* tome IV, Paris, LGDJ, 1987

« Les raisons de la crise. La loi du consensus et le refus du langage affronté excluent toute opposition structurelle ».

Sylvain URFER, Prêtre jésuite installé à Madagascar, in « La crise et le rebond », 2010

« Si jamais il n'y a pas *[d'opposition]*, il va falloir qu'on construise un cercle de critique ».

KOLO Roger à la tête du gouvernement malgache en 2014, in Revue de l'Océan Indien, mai 2014.

Préface

du Pr.Jean du Bois de Gaudusson
Agrégé des Facultés de droit- Professeur émérite
à l'Université de Bordeaux - Membre de l'Académie des
Sciences d'outre-mer

Le titre de l'ouvrage de M. Toavina Ralambomahay ne surprendra pas ceux qui observent la vie politique malgache ; un mal nécessaire ? Sans doute, mais, ajoutons, pour soigner un mal plus profond encore, celui de l'opposition à Madagascar. Il y a un réel paradoxe malgache : entre d'un côté une vie politique scandée de perpétuelles tensions entre pouvoir et opposition, et de l'autre côté une difficulté non seulement à encadrer cette opposition… mais à la trouver… C'est là une des clés pour comprendre la situation décrite par M. Ralambomahay. Le constituant et le législateur ainsi que le juge constitutionnel ont voulu stabiliser l'opposition, les oppositions pour permettre le bon déroulement du jeu démocratique ; on sait que celui-ci dépend de l'existence d'une opposition reconnue, organisée et même institutionnalisée, mais on n'évoque moins l'idée que l'opposition suppose pour exister qu'un certain nombre de conditionnalités démocratiques soient remplies, qu'il y ait une adhésion démocratique de la part de tous les acteurs à commencer par ceux de l'opposition ; et précisément, les oppositions dans l'histoire de Madagascar, comme l'a bien cerné Erick Andrianirina Rabemananoro (Afrique contemporaine, n° 251, 2014) ne sont-elles, ne se sont-elles pas voulues, rebelles à toute normalisation qui ne leur permettrait pas de remplir leur dessein politique d'accession au pouvoir, de délégitimation et de renversement du pouvoir en place. Comment reconnaître l'opposition dans un contexte en permanence crisogène, marqué par une forte volatilité des appartenances politiques ? L'opposition n'est-elle pas de ce fait introuvable pour le droit constitutionnel alors que pour la science politique elle est permanente et trouve partout et même au sein des majorités, du parti dominant et on admet qu'elle s'exprime en dehors des formes prévues par les lois en vigueur, y compris par des coups de force…

C'est dire combien est délicate l'ambition de donner un statut à une telle opposition cette étude le montre bien ; c'est dire aussi l'audace, parfaitement justifiée, de M. T.Ralambomahay de se livrer à l'étude d'une loi et de ses pratiques qui engendrent de multiples controverses politiques et juridiques ; elles sont à l'origine de situations inextricables et donnent lieu à des questionnements surprenants auxquels il faut bien apporter des éléments de réponse… C'est cette analyse complète et critique qui nous est donnée. Organisé sous la forme de questions-réponses, l'ouvrage passe en revue tous les aspects d'une question de grande actualité non seulement à Madagascar, mais aussi ailleurs, en Afrique, dans l'océan Indien.

Plus encore, M. Ralambomahay nous convie à poursuivre une série de réflexions sur le rôle du droit et ses limites; on ne peut tout attendre de l'encadrement normatif et institutionnel même s'il est indispensable et s'il est, en l'occurrence, un facteur de nature à contraindre l'opposition à exister sur la scène démocratique, à s'organiser et à exercer pacifiquement ses responsabilités. La réflexion doit aussi porter sur les raisons profondes d'une situation où l'opposition n'est guère prisée ni par les gouvernants ni par les gouvernés ni par les spécialistes de l'ingénierie constitutionnelle prônant le recours à des formules consociationnelles ou recourant à ces nouveaux principes du droit constitutionnel que sont le consensus et l'inclusivité. Il y a aussi sans être exhaustif « le poids des origines » privilégiant l'autorité du chef ; on cite aussi, sans toujours convaincre, l'héritage de la colonisation, les impératifs du développement économique et de la construction de l'Etat. On ne saurait non plus minimiser l'influence des dispositifs et pratiques ne facilitant pas l'alternance voire l'empêchant ni des systèmes de partis largement défaillants surtout lorsqu'ils sont constitués de partis… unipersonnels… ou alimentaires…

Il ne faut pas se fier à la modeste apparence de l'ouvrage, M. Toavina Ralambomahay livre une recherche qui pousse le lecteur à s'engager dans des voies peu explorées et à renouveler, parce que les sociétés l'exigent de plus en plus aujourd'hui, au sud comme au nord, les traductions et manifestations institutionnelles et juridiques de la démocratie auxquelles nous sommes habituées depuis si longtemps. L'opposition et ses formes comme ses acteurs n'échappent pas à cette remise en cause…

Préface

de Kazadi Mpiana Joseph
Docteur en Droit international et de l'Union européenne de l'université de Rome « La Sapienza »
Professeur associé à l'Université de Lubumbashi (R.D. Congo).

L'une des tendances lourdes du constitutionnalisme africain de la troisième vague[2] consiste à cristalliser, dans le texte constitutionnel et/ou législatif, le statut de l'opposition. La reconnaissance formelle de l'opposition constitue l'un des succès ou mieux l'une des avancées de la démocratie en Afrique[3], du moins du point de vue formel.

Certaines constitutions sont plus prolifiques et généreuses dans l'énonciation des droits, obligations, privilèges de l'opposition que celle-ci soit identifiée au sein du parlement ou encore extraparlementaire[4]. En scrutant les différents textes constitutionnels et législatifs africains, principalement ceux de l'espace francophone, une convergence de protéger l'opposition dans le cadre des activités parlementaires en constitue sans doute l'un des dénominateurs communs. Les nouvelles Constitutions africaines ont corroboré cette tendance (Constitution

---

[2] CABANIS A et MARTIN, M.L., *Le Constitutionnalisme de la troisième vague en Afrique francophone*, Louvain-la-Neuve, Academia-Bruylant, PUR, 2010.

[3] GUEYE, « La démocratie en Afrique : succès et résistances », *Pouvoirs*, 2009, n° 129, pp. 5-25, spéc. à la p. 10.

[4] A titre indicatif, voy. Les dispositions de la Loi 07/008 du 4 décembre 2007 portant statut de l'opposition en République démocratique du Congo, de la Loi malienne n° 2015-007/ du 4 mars 2015 portant statut de l'opposition.

tunisienne de 2014 ; les Constitutions congolaise et rwandaise de 2015; la Constitution algérienne de 2016). Il ne serait pas exagéré d'affirmer que l'encadrement juridique de l'opposition contribue à l'émergence d'un droit public africain relatif au statut de l'opposition vu le phénomène d'isomorphisme que nous observons dans ce domaine depuis plus d'une décennie.

Le statut de l'opposition fait partie, à juste titre, des objets du droit public émergeant dans les escarcelles du droit constitutionnel et du droit parlementaire à l'ombre de la science et de la sociologie politiques. Peu de recherches ont pris comme point de mire l'analyse du statut de l'opposition dans le constitutionnalisme africain du renouveau démocratique[5]. Longtemps vilipendée et proscrite pendant les régimes autoritaires africains, parfois au gré de l'invocation des prétextes aussi fallacieux que théocratiques et culturels africains, l'opposition est devenue une composante essentielle du renouveau démocratique. La République de l'Ile Maurice, sous l'inspiration de la tradition séculaire britannique, peut être considérée comme l'Etat précurseur en Afrique de la reconnaissance formelle dans le texte de la Constitution de 1991 de l'existence de l'opposition et de son encadrement juridique. L'opposition est consubstantielle à la démocratie et inhérente à tout Etat de droit.

Est-ce que la reconnaissance et la consécration du statut de l'opposition suffisent-elles à délivrer un certificat de

---

[5] Parmi les quelques études, nous pouvons nous référer à S. KASMI, « Le statut de l'opposition au Maroc », *Revue française de droit constitutionnel*, 2015, n° 102, pp. 429-452 ; El HADJ MBODJ, « Regard rétrospectif sur le statut de l'opposition dans les États africains d'expression française », J-P. VETTOVAGLIA et alii (dir.), *Démocratie et élections dans l'espace francophone*, Bruxelles, Bruylant, pp. 334-350 ; T. HOLO, « Le statut de l'opposition », J-P. VETTOVAGLIA et alii (dir.), *op.cit.*, pp. 351-366. KOMI TSAKADI, « Quel statut pour l'opposition politique en Afrique et quelles perspectives face aux conflits ethno-politiques ? », *ibidem*, pp. 367-397.

l'épanouissement de l'opposition dans les systèmes politiques africains ? Qui peut prétendre bénéficier de la qualité d' « opposant » et quels seraient les critères essentiels pour l'identifier dans un Etat ? De quelle manière le statut de l'opposition est-il saisi par le juge constitutionnel ?

Voilà autant de questions taraudant notre intérêt et dont les réponses, conçues dans un langage simplifié, accessible et limpide, sont au cœur de cet essai rédigé sous la plume de Toavina RALAMBOMAHAY. Il se présente à la fois comme un guide, un outil de vulgarisation et de compréhension du statut de l'opposition dans le contexte malgache. En sa qualité de fils du « terroir » et rompu aux questions politico-juridiques du Madagascar, par sa connaissance méticuleuse de son système politique, l'auteur nous éclaire dans les labyrinthes de principales dispositions régissant l'encadrement juridique de l'opposition en droit malgache et qui sont reprises par ailleurs, *mutatis mutandis*, en droit comparé africain, principalement francophone.

L'auteur privilégie à cet effet une approche juridique, politique et jurisprudentielle sous forme d'un triptyque. Cette triple dimension permet de réduire les écarts considérables entre l'angélisme des textes juridiques pontifiant le statut de l'opposition dans le constitutionnalisme africain et les réalités socio-politiques dans lesquelles baigne une opposition étranglée, étouffée et muselée dans la plupart des Etats africains. Dans sa fonction d'organe régulateur de la vie politique, l'office du juge constitutionnel est sollicité et sa contribution est contingente. Tout en étant focalisées sur le droit national malgache, les questions et les réponses, s'enchevêtrant les unes après les autres dans une séquence logique, élargissent leurs horizons pour embrasser des expériences ayant cours dans d'autres Etats. S'il est vrai que la politique est désormais saisie par le droit, le contraire ne demeure pas moins prégnant. L'essai de l'auteur s'inscrit dans cette interaction tantôt pacifique, tantôt conflictuelle entre la politique et le droit.

Le statut de l'opposition, en tant que nouvel objet à caractère constitutionnel, court le risque, à défaut d'une prise en compte suffisante par la doctrine, de tomber en désuétude dans certains Etats africains et destiné à enrichir le patrimoine des institutions inscrites aux musées du droit constitutionnel en Afrique. Ainsi les différentes dispositions relatives au statut de l'opposition ne suffisent pas pour lui assurer son plein épanouissement dans le jeu démocratique. Elles peuvent constituer au contraire un masque occultant le véritable visage d'un régime apparemment ouvert à l'exercice, par l'opposition, de ses droits, mais foncièrement immergé dans un autoritarisme restreignant tout espace de manœuvre pour l'opposition.

L'un des mérites qu'il convient de reconnaître à l'auteur de cet essai réside dans cette capacité d'attirer l'attention sur le hiatus existant entre le « *devoir être* » et « *l'être* » du statut de l'opposition, principalement dans le système politique malgache. Il nous invite à la prudence dans l'analyse du statut de l'opposition dans le constitutionnalisme africain en nous affranchissant d'une lecture purement exégétique pour scruter les comportements des acteurs politiques, les mœurs des citoyens, la contribution du juge constitutionnel dans la reconnaissance et la jouissance par l'opposition aussi bien de ses droits et privilèges que de ses obligations. En d'autres termes, un statut de l'opposition sur fond d'un régime liberticide ne peut que favoriser les « *démocraties illibérales* »[6] ou les « *démocraties fragiles* »[7].

Puisse cet essai contribuer à alimenter d'autres réflexions postérieures dans la cristallisation d'un statut africain de l'opposition qui soit plus proche de réalités socio-politiques.

Rome, le 16 septembre 2016.

---

[6] F. ZAKARIA, *L'avenir de la liberté : la démocratie illibérale aux Etats-Unis et dans le monde*, Paris, Odile Jacob, 2003, 339 p.

[7] S. ISSACHAROFF, *Fragile Democracies: Contested Power in the Era of Constitutional Courts*, USA, Cambridge University Press, 2015, 312 p.

[L'opposition] est une « nécessité » et son existence est aujourd'hui encore tenue pour le critérium d'une « démocratie véritable ».

BURDEAU, G., *Traité De Science Politique,* tome IV, Paris, LGDJ, 1987

« Les raisons de la crise. La loi du consensus et le refus du langage affronté excluent toute opposition structurelle ».

Sylvain URFER, Prêtre jésuite installé à Madagascar, in « La crise et le rebond », 2010

« Si jamais il n'y a pas *[d'opposition]*, il va falloir qu'on construise un cercle de critique ».

KOLO Roger à la tête du gouvernement malgache en 2014, in Revue de l'Océan Indien, mai 2014.

La loi sur le statut de l'opposition à Madagascar : un mal nécessaire[8]

L'année 2011 a vu la naissance de la loi portant statut de l'opposition[9] à Madagascar. Elle est censée concourir à désamorcer les crises[10] et à favoriser des alternances démocratiques. Dans la recherche académique, les études sur l'opposition sont peu nombreuses par rapport aux autres thèmes de droit et de science politique[11]. Celle-ci veut

---

- [8] L'association Humaniste et Ecologiste a présenté l'auteur aux législatives de 2013. Elle est aussi la première entité à s'être déclaré Opposant selon cette loi commentée.

[9]Loi n°2011-013 portant statut de l'opposition et des partis d'opposition

[10] Bibliographie non exhaustive à propos de la crise de 2009 :

- Madagascar dans une crise interminable, RALAMBOMAHAY, Toavina, L'Harmattan, Paris, Janvier 2011, 138p.
- Madagascar, Le coup d'Etat de mars 2009, RANDRIANJA, Solofo (ss.dir), Coll., Karthala, Paris, Janvier 2012, 350p.
- 11 Par exemple :
- Selon Yves SUREL, « il faut reconnaître que la question de l'opposition reste finalement un objet curieusement peu étudié en science politique en général et en politique comparée en particulier. […] Au-delà même de cette(ces) discipline(s), l'opposition fait également l'objet d'un intérêt limité chez les spécialistes du droit constitutionnel, toujours reléguée à l'arrière-plan ». In « L'opposition au Parlement Quelques éléments de comparaison », Revue internationale de politique comparée 2011/2 (Vol. 18), p. 115-129. DOI 10.3917/ripc.182.0115
- Basile RIDARD, lui, fait une revue de littérature qui montre le nombre restreint de recherches à ce propos. In « l'opposition parlementaire en France et au Royaume-Uni », mémoire de DEA, Paris I Panthéon Sorbonne, droit comparé européen, 2008/2009.p12 et suivant. Il fait une revue de littérature qui montre le nombre restreint de recherches à ce propos.

évaluer la pertinence de l'existence même de cette loi, l'expliciter c'est-à-dire voir comment elle est peut être mise en vigueur et la corréler avec la réalité politique. Une des questions les plus importantes est de savoir si le poste de Chef de l'opposition peut être vacant. Des éléments de comparaison dans d'autres pays seront apportés.

Dans la question de la pertinence même de la loi, les analystes (juristes, sociologues, philosophes, politologues), les tenants du pouvoir (le ministère de l'Intérieur, le gouvernement) et les praticiens de la politique (les politiciens) se posent plusieurs questions, dont l'utilité même de cette loi, l'utilité d'un éventuel décret d'application, etc. Pour l'explicitation, cette communication est utile pour voir le fonctionnement pratique de cette loi et sa corrélation avec la réalité, vu la nouveauté du fait. Est-ce que la loi est comprise, appliquée, etc. ? Après, sans doute un autre travail doctrinal s'imposera.

Un plan question-réponse[12] est alors choisi pour clarifier cette loi. Les réponses seront en fonction de la loi et ensuite, à chaque fois que de besoin, en fonction de la réalité politique. Ce qui veut dire que cette réalité politique est conjoncturelle, donc ne correspondant pas aux cas futurs. Mais négliger la réalité politique actuelle, c'est-à-dire en ces premières années d'existence de la loi, reviendrait à laisser dans l'ombre plusieurs aspects pratiques.

Dans la réalité politique, l'opposition est prévue dans la loi, mais dans les faits, plus d'un an et demi après la

---

- Pascal JAN (in Les oppositions, Pouvoirs n°106 - L'opposition - janvier 2004 - p.23-44) est du même avis.

- PIMENTEL Carlos Miguel, « Il existe un certain déficit doctrinal autour de la question de l'opposition », in « L'opposition, ou le procès symbolique du pouvoir », Pouvoirs 1/2004 (n° 108), p. 45-61, URL: www.cairn.info/revue-pouvoirs-2004-1-page-45.htm.
DOI: 10.3917/pouv.108.0045, etc.

[12] Comme une foire aux questions (FAQ), cet article peut ne pas être lu d'une traite et du début jusqu'à la fin, mais à chaque fois que besoin.

formation du premier gouvernement et de la première session de l'Assemblée nationale et aussi après la prise de pouvoir du vainqueur[13] des élections de 2013, cette loi n'est pas appliquée et l'opposition, selon la loi, n'existe toujours pas. Mais depuis juillet 2016, un groupement assez important dénommé « Mitsangana ry Malagasy » veut la démission du président. Nous y reviendrons pour savoir si ce mouvement répond à la définition légale.

Cet essai est aussi une manière d'intellectualiser l'actualité nationale dans cette période d'instabilité[14] et de fournir une piste de solution pour lutter contre l'instabilité.

Qu'est-ce qu'une opposition ?

Plusieurs auteurs de diverses disciplines proposent une définition de l'opposition. Selon Pascal JAN, « l'opposition se présente comme une position reconnue d'un groupe au sein d'un régime politique en compétition pour l'accession légale au pouvoir et son exercice pacifique »[15], etc[16].

---

[13] 25 janvier 2014.

[14] Voici comment se manifeste l'instabilité : en moins de deux ans et demi de pouvoir, le président Hery RAJAONARIMAMPIANINA a nommé trois premiers ministres. Il en a donc eu quatre si on compte Jean Omer BERIZIKY qu'il a hérité de la Transition, car le président a mis 80 jours pour trouver son premier chef de gouvernement. Le président a déjà subit une motion de déchéance à un an et demi de mandat et les médias ont rapportés des rumeurs de coup d'Etat.

[15] P. JAN, « Les oppositions », Pouvoirs, 2004, n°108, p. 23 et ss.

[16] Dictionnaire constitutionnel, s.d. O. DUHAMEL, Y. MENY, Paris, PUF, 1992 : « L'opposition désigne les partis ou groupements politiques qui sont en désaccord avec le Gouvernement »

À quoi sert l'opposition ?

La viepublique.fr y répond[17]. L'opposition a, dans les démocraties, plusieurs fonctions : « Tout d'abord, l'opposition constitue un contre-pouvoir [...], ensuite, L'opposition représente aussi la possibilité d'une alternance politique [...], enfin, l'opposition permet aussi de renouveler le personnel politique [...].

Les deux dernières propositions nous intéressent. L'alternance politique non violente ou démocratique est rarissime dans l'histoire malgache. Et en l'état actuel des choses, c'est-à-dire où la séparation entre gouvernants et opposition n'est pas claire, le renouvellement de la classe politique est pratiquement impossible.

Est-ce qu'une loi sur le statut de l'opposition existe ailleurs ?

Dans l'état actuel du droit, en général il n'y a pas de loi spécifique sur l'opposition dans le monde démocratique situé principalement en Occident[18]. Mais un mouvement vers la création de « statut de l'opposition » se fait sentir[19].

---

[17] http://www.vie-publique.fr/decouverte-institutions/citoyen/participation/voter/election/quelle-est-utilite-opposition-democratie.html

[18] Par exemple :

- Dominique CHAGNOLLAUD et Jean-Louis QUERMONNE affirment que « Les droits explicites [sur l'opposition] sont plus rares » dans les textes juridiques européens. In La Vème République. Tome 3, Le pouvoir législatif et le système de partis. Flammarion.
- El Hadj MBODJ est du même avis : « Un statut formel de l'opposition n'existe en vérité dans aucune démocratie ». In Les garanties et éventuels statuts de l'opposition en Afrique,
- http://www.elhadjmbodj.com/index.php?2005/11/24/20-les-garanties-et-eventuels-statuts-de-l-opposition-en-afrique .
- Marie-Claire PONTHOREAU « L'absence de statut de l'opposition n'est pas une spécificité française, mais la plupart des démocraties voisines connaissent une forme d'institutionnalisation (non pas comparable à celle de la Grande-Bretagne, offrant toutefois des droits à la minorité

Seule l'Angleterre possède un code sur « l'opposition loyale à sa Majesté » où la locution de « leader de l'opposition »[20] est évoquée. Ce pays ne connaît pas de Constitution écrite et ensuite, ce code est issu d'une tradition. L'opposition est alors reconnue[21]. Le titre de

---

parlementaire) », in « Les droits de l'opposition en France penser une opposition présidentielle ». Revue Pouvoirs.

[19] Certaines écoles de pensée comme celle du Dr. KAZADI souhaitent plutôt la généralisation de l'existence d'un statut de l'opposition. Pour un approfondissement de la question, voir S. KASMI, « Le statut de l'opposition au Maroc », RFDC, 2015, n° 102, pp. 429-452. A. VIDAL-NAQUET, « L'institutionnalisation de l'opposition. Quel statut pour quelle opposition ? », RFDC, 2009/1, n°77, pp. 153-173. El HADJ MBODJ, « Regard rétrospectif sur le statut de l'opposition dans les États africains d'expression française », J-P. VETTOVAGLIA et alii (dir.), Démocratie et élections dans l'espace francophone, Bruxelles, Bruylant, pp. 334-350 ; T. HOLO, « Le statut de l'opposition », J-P. VETTOVAGLIA et alii (dir.), op.cit., pp. 351-366. KOMI TSAKADI, « Quel statut pour l'opposition politique en Afrique et quelles perspectives face aux conflits ethno-politiques ? », ibid, pp. 367-397

[20] Par exemple :

- Il a un « traitement […] à 77% égal à celui du premier ministre ce qui démontre bien son importance au sein de la vie politique anglaise. Outre la rémunération, le leader de l'opposition bénéficie de véritables prérogatives d'information et se trouve notamment associé à la bonne marche des affaires publiques.
http://www.oboulo.com/droit-public-et-international/droit-constitutionnel/fiche/statut-opposition-grande-bretagne-42460.html
- Le leader de l'opposition possède un cabinet fantôme ou cabinet shadow qui est le gouvernement de rechange.

[21] Le cas malgache par exemple :

- « Par ailleurs, les partis au pouvoir ont tendance à ignorer l'utilité et la nécessité d'une opposition et des partis d'opposition », in Exposé des motifs de la loi n°2011-013 portant statut de l'opposition et des partis d'opposition
- Effectivement, celle-ci, [l'opposition] pourchassée de tous côtés, s'exprime difficilement par la presse et surtout, ne parvient pas à accéder aux sièges de l'Assemblée nationale (à part trois représentants de la population de la capitale), les élections n'étant pas libres. In Le pouvoir et l'opposition à Madagascar sous la Première République (1960-1972), Lucile RABEARIMANANA, Revue des Mascareignes.

leader de l'opposition est le fruit du système parlementaire et évoque surtout « un contrepoids à la prééminence du premier ministre et une solution de rechange au premier ministre ». Il ne s'agit ni de culpabiliser le premier ministre de ne pas considérer ses opposants ni encore pour l'opposition de remettre en cause le pouvoir en place. Ce qui est souvent le cas dans les régimes qui ne connaissent la démocratisation que depuis les années 90.

Des anciennes colonies anglaises ont adopté le système d'une opposition légalisée (Canada, Inde, Maurice).

Si un statut de l'opposition est de plus en plus évoqué en France[22], les droits de l'opposition sont disséminés dans la Constitution et les lois. Ils comprennent par exemple, les questions au gouvernement, la possibilité pour une minorité de poser une motion de censure, de procéder à des enquêtes parlementaires, de saisir la Cour constitutionnelle[23], etc. Et si depuis 1993[24], la création

---

[22]cf. Béligh NABLI, « L'opposition parlementaire : un contre-pouvoir politique saisi par le droit », Revue Pouvoirs N°133, p127-141.

[23]Des articles dans la Constitution française ont été modifiés par exemple :

- l'article 48 de la Constitution nouvellement réécrit comme suit : « un jour de séance par mois est réservé à un ordre du jour arrêté par chaque assemblée à l'initiative des groupes d'opposition de l'assemblée intéressée ainsi qu'à celle des groupes minoritaires »
- Nouvel art 51-1 de 2008 entrée en vigueur le 1er mars 2009 : « Le règlement de chaque assemblée détermine le droit des groupes parlementaires constitués en son sein. Il reconnaît des droits spécifiques aux groupes d'opposition de l'assemblée intéressée ainsi qu'aux groupes minoritaires ».

[24] Plusieurs comités ont été créés pour étudier le cas de l'opposition, par exemple le Comité VEDEL ou le Comité BALLADUR. Mais jusque là, il est « Encore inachevé, dénué de toute concrétisation normative claire, le « statut de l'opposition » reste pour l'instant une simple expression de langage, et n'est en fait rien d'autre, d'un point de vue juridique, qu'un corpus normatif ». Basile RIDARD, « La définition juridique de l'opposition Parlementaire en France et au Royaume-Uni », VIIIe Congrès français de droit constitutionnel –Nancy, 16-18 juin 2011, Atelier « Aspects institutionnels nationaux », 25p

d'un statut de l'opposition dans une loi spécifique est évoquée ainsi que l'adoption d'une loi constitutionnelle en 2008 qui dessine un statut juridique et institutionnel de l'opposition parlementaire, **ce n'est pas tant pour identifier une opposition**[25] qui est naturelle, car idéologique, mais plutôt pour dessiner les contours des droits de l'opposition même si en effet, le système déclaratif pour les opposants est aussi codifié dans les règlements intérieurs des deux chambres du Parlement[26]. Depuis cette loi constitutionnelle, les droits de l'opposition se sont accrus au sein du Parlement.

Si des auteurs, des hommes politiques français commencent à admettre ce mouvement de création de lois et de dispositions spécifiques à l'opposition[27], nous sommes sur le fond dubitatif sur son utilité. En effet, la Constitution et tout l'appareil judiciaire ont, dans une démocratie, justement vocation à protéger le droit des minorités.

À notre avis, la protection des minorités doit donc effectivement être renforcée, sans devoir les identifier juridiquement par une loi comme ce qui a tendance à se

---

http://www.droitconstitutionnel.org/congresNancy/comN6/ridardT6.pdf

[25] Certes, le comité BALLADUR avait imaginé un système de déclaration pour les partis ne se ralliant pas à la majorité, mais cela est davantage une identification procédurale qu'une identification idéologique.

[26] Par exemple, l'article 19 du règlement de l'Assemblée nationale française : « Les groupes d'opposition sont ceux qui se déclarent comme tels auprès de la présidence. Sont considérés comme groupes minoritaires ceux qui ne se sont pas déclarés d'opposition à l'exception de celui d'entre eux qui compte l'effectif le plus élevé ».

[27] Ariane VIDAL NAQUET, « La concentration des pouvoirs entre les mains du Président de la République, soutenu par sa majorité, doit être contre balancée par l'octroi de droits spécifiques à l'opposition, afin que celle-ci puisse véritablement exercer son rôle, à savoir s'opposer à la majorité ». Elle trouve même méritoire que la France inscrive dans sa Constitution le mot « opposition ». In « L'institutionnalisation de l'opposition quel statut pour quelle opposition ? ».

faire[28]. Malheureusement, dans le cas politique malgache c'est cette minorité même qui a besoin d'être identifiée… par la loi, vu que peu ose se différencier de la majorité. Et c'est valable dans le système de pensée malgache même. Se désolidariser de sa communauté est en général très mal vu.

Au contraire, dans les pays très peu démocratisés, ce phénomène de codification de l'opposition est très à la mode[29]. La cause est simple, les pays démocratiques vivent

---

[28] La philosophie de la discrimination positive préside à cette identification de la minorité. Elle est faite pour les femmes, les personnes vivant avec un handicap ou avec le sida, les homosexuels, les minorités religieuses puis ethniques, les ethnies accusant un retard dans leur développement, etc. Si effectivement, cette discrimination positive est utile, elle ne doit être que temporaire (le temps que les chances deviennent égales entre hommes) pour revenir le plus rapidement possible au régime de l'égalité.

[29] Par exemple :

- Un Statut-type de l'opposition au parlement est adopté à l'unanimité par les participants au séminaire parlementaire sur les relations entre partis majoritaires et minoritaires dans les parlements africains à Libreville (Gabon), 17 - 19 mai 1999. http://www.ipu.org/splz-f/gabon.htm
- L'article 3 de la Charte africaine de la Démocratie, des élections et de la Gouvernance de 2007 porte sur le « renforcement du pluralisme politique, notamment par la reconnaissance du rôle, des droits et des obligations des partis politiques légalement constitués, y compris les partis politiques d'opposition qui doivent bénéficier d'un statut sous la loi nationale. »

C'est le cas à Maurice (Constitution), au Mali, au Congo (Loi n° 00-47 AN RM portant statut des partis politiques de l'opposition en République du Mali), etc. Pour une entrée en matière et pour un point de vue lié à Madagascar cf. « Comparatif Madagascar-Maurice. Contribution au développement de Madagascar », Toavina RALAMBOMAHAY, L'Harmattan, 250p. 2013, Paris.

Les juristes et les hommes politiques africains encouragent la création de statuts de l'opposition, par exemple : Gilles BADET lors du « Projet de renforcement des capacités des partis politiques et de l'Assemblée nationale Conférence sur « le fonctionnement des partis politiques au Bénin et le dialogue inter-partis » à Cotonou, les 22 et 23 octobre 2013, dans sa communication « Le statut de l'opposition ».

dans des débats idéologiques perpétuels donc l'opposition est facilement identifiable tandis que les pays en voie de démocratisation ne connaissent pas de clivages politiques.

Nombre de chercheurs ont déjà statué sur ce point. La démocratie étant fondée sur la philosophie individualiste (ou humaniste) elle n'est pas forcément adaptée aux systèmes des pays africains par exemple, qui sont communautaristes[30], et qui devraient pourtant commencer à se convertir[31].

Par ailleurs, soit les partis et les alliances se font et se défont au gré des intérêts politiques dictés non pas par des idéologies, mais par des intérêts matériels, soit le parti au pouvoir ne reconnaît simplement pas ceux qui ne sont pas de son côté. D'où la nécessité de lois spécifiques. Comme El Hadj MBODJ nous nous posons la question de la « maturité de notre démocratie ».

Le cas malgache de 2014 est très évocateur. En principe, le candidat battu au second tour des élections présidentielles[32] bascule naturellement dans l'opposition[33]. Ce qui n'a pas été le cas. Ce candidat a rejoint les vainqueurs des élections au pouvoir ! Et en principe, les membres du Parlement qui n'ont pas voté pour le vainqueur aux présidentielles sont aussi

---

[30] La bibliographie abonde et transcende les disciplines, par exemple :

- NGOM Benoît, Les droits de l'homme et l'Afrique, Silex éditions, 1984.
- BADIE Bertrand, L'Etat importé, Fayard, 1992.

[31] Raisons développées dans une communication intitulée « Pourquoi la démocratie ? » par Toavina RALAMBOMAHAY le 3 décembre 2010 au cours du Colloque international, « Madagascar, 50 ans d'indépendance », Antananarivo, les 1er, 2, 3 et 4 décembre 2010, organisés par le Centre de Recherches et d'études sur les Constructions identitaires au Ministère des Affaires étrangères. Publication des actes en cours.

[32] Dr Jean-Louis Robinson

[33] Ce candidat a été soutenu par Marc RAVALOMANANA. Ce dernier soutient aussi le vainqueur aux présidentielles, à savoir Hery RAJAONARIMAMPIANINA.

opposants. Ce qui n'a pas été le cas non plus[34]. Du coup, le pouvoir ne trouve aucune opposition à l'Assemblée nationale.

De fait, la loi devient utile, car elle permet à des non-élus de se déclarer légalement « opposants », ce qui évite à ce pays qui se dit démocratique la honte de se voir sans opposition ! Encore que trois mois[35] après l'investiture du vainqueur, il n'y a eu qu'une entité qui n'a pas de député, mais qui a eu des candidats aux législatives de 2013 qui s'est déclarée « opposant » au ministère de l'Intérieur[36]. 17 autres, selon des sources officieuses, ont suivi après, mais aucune d'elles non plus n'avait de députés.

Aujourd'hui, le groupement « Mitsangana ry Malagasy » demande la démission du président[37]. Elle est qualifiée par les médias et à peu près toutes les autres entités d' « Opposition ». Nous devons d'abord justifier pourquoi nous en parlons puisque cette entité peut être une parmi tant

---

[34]La raison officielle est que « Madagascar vient de sortir d'une crise donc être dans l'opposition serait empêcher le pays de progresser ». Arguments répétés à maintes reprises par le candidat malheureux aux présidentielles et les membres du Parlement n'ayant pas voté pour le gagnant à la présidentielle (les partisans de Marc RAVALOMANANA). Par exemple in Conférence débat du 29 mai 2014 au Development Learning Center diffusé en différé et en extraits sur les chaînes publiques nationales.

[35] L'investiture s'est fait le 25 janvier 2014, la première session de l'Assemblée nationale s'étant tenue le 18 février 2014, la première déclaration ne s'est faite que le 17 février 2014. La deuxième déclaration a eu lieu à la mi-avril 2014.

[36] Une association a déposé une déclaration d'opposition au ministère de l'Intérieur avec un récépissé : 17 février 2008, N°80138

[37] Lire entre autres les déclarations de l'entité répercutées dans les médias : « Mitsangana ry Malagasy » : « Le régime actuel a atteint ses limites », Rédaction Midi Madagasikara 21 juillet 2016. http://www.midi-madagasikara.mg/politique/2016/07/21/mitsangana-ry-malagasy-regime-actuel-a-atteint-limites/

d'autres. Nous la considérons puisque le camp du pouvoir la considère[38].

Elle est ainsi qualifiée d'opposition. A première vue cela est vrai. Mais justement, avec l'institution de l'opposition notamment par la loi, le point de vue est nuancé. D'abord, cette entité ne joue pas le jeu de la loi. Elle ne prétend pas par exemple exercer les droits de l'opposition comme celui d'avoir un chef institutionnel. Elle réclame plutôt la démission immédiate. D'autres entités veulent descendre dans la rue.

Or l'esprit des lois du type de celui de l'opposition est justement d'ériger une opposition qui ne remet pas en cause les tenants du pouvoir, mais qui s'organise pour une alternance aux élections à échéance normalisée (et non anticipée)[39]. L'entité « Mitsangana ry Malagasy » ne compte

---

[38] Lire entre autres : Le régime contre-attaque samedi 16 juillet, Yvan ANDRIAMANGA
http://www.madagascar-tribune.com/Le-regime-contre-attaque,22284.html

[39] Dans la littérature, il existe plusieurs classifications de ce que serait l'opposition. L'opposition loyale qui ne remet pas en cause la majorité, mais qui s'offre pour une alternative. Et l'autre opposition qui veut immédiatement sa fin. La littérature n'est pas tendre envers la deuxième. Il arrive qu'elle soit appelée « déviante », « irresponsable ». Lire par exemple : SARTORI G., « Opposition and Control Problems and Prospects », *Government and Opposition,* vol.1, n°1, 1966, pp.149-154.
Ou encore : « [...] Il existe plusieurs sortes d'oppositions : opposition au régime, opposition à l'ensemble des forces politiques, opposition au pouvoir en place. Peut-on reconnaître des droits spécifiques à l'opposition au régime ? Ce type d'opposition, qui vise à remettre en cause les institutions et à saper ses principes fondateurs n'est reconnu que pour mieux être jugulé par l'instauration de mesures spécifiques. L'opposition à l'ensemble des forces politiques est également suspecte dans la mesure où elle se situe précisément en dehors du politique : ne regroupant pas des forces qui ont vocation à gouverner et ne recherchant pas les suffrages des citoyens, elles ne sont guère appréhendées par les règles du jeu constitutionnel. Reste alors l'opposition au pouvoir en place. A la différence des deux autres, cette opposition accepte le régime et se trouve en compétition pour l'accession légale au pouvoir.

pas accepter le régime et s'il jouait le jeu de la loi, elle accepterait donc le régime actuel jusqu'en 2018, terme de son mandat. Elle n'est donc pas une opposition dans le sens de l'esprit de la loi.

Une remarque curieuse est à faire. Le « Mitsangana Ry Malagasy » à qui se sont ajoutées d'autres entités comporte des parlementaires. Mais elle n'est pas pour autant « une opposition parlementaire ». Oui, ses parlementaires n'ont pas joué le jeu de la loi en se déclarant comme tels. La considération du fait que ces parlementaires-là veulent la fin immédiate du régime l'emporte sur la considération qu'ils devraient être considérés comme une opposition parlementaire. De toutes les façons, ils ne se déclarent pas comme une opposition parlementaire.

Une absence de l'opposition est-elle envisageable dans les pays occidentaux ?

Non, à en croire Eric THIERS : « [...] les premiers auteurs et praticiens à avoir mis en ordre raisonné notre droit parlementaire montrent clairement que la division

---

https://www.cairn.info/revue-francaise-de-droit-constitutionnel-2009-1-page-153.htm.
VIDAL-NAQUET Ariane, « L'institutionnalisation de l'opposition. Quel statut pour quelle opposition ? », *Revue française de droit constitutionnel* 1/2009 (n° 77), p. 153-173.
URL: www.cairn.info/revue-francaise-de-droit-constitutionnel-2009-1-page-153.htm.
DOI : 10.3917/rfdc.077.0153.
Dans la même veine : « En endossant le rôle de l'accusation, l'opposition est parvenue à intégrer le conflit au sein même du régime, sans pour autant en menacer l'existence, d'apprivoiser en quelque sorte la guerre civile », in PIMENTEL Carlos Miguel, « L'opposition, ou le procès symbolique du pouvoir », Pouvoirs 1/2004 (n° 108), p. 45-61.
URL: www.cairn.info/revue-pouvoirs-2004-1-page-45.htm.
DOI: 10.3917/pouv.108.0045.

majorité/opposition est une structure incontournable des assemblées »[40].

Ce qui n'est pas le cas à Madagascar, d'où, ce système déclaratif devient un mal nécessaire ![41]

À quoi est due cette faiblesse de l'opposition ?

Question déjà répondue plus haut, nous n'ajouterons que quelques points de vue de chercheurs venant de plusieurs disciplines. À Madagascar comme dans tous les pays africains d'ailleurs[42], soit le régime en place ne reconnaît pas voire écrase les opposants (C'est pour empêcher cela que la loi portant sur le statut de l'opposition a été écrite), soit ce sont les citoyens eux-mêmes qui n'osent pas se déclarer opposant.

Selon Solofo RANDRIANJA, historien, « L'unanimisme est l'un des ressorts de la gestion politique »[43]. Robert DUBOIS affirme « le Malgache ne comprend pas trop l'existence [...] des « opposants légaux »[44].

---

[40] THIERS Eric, L'opposition sous la protection du droit parlementaire », p-31-47 », in « L'opposition parlementaire », ss.dir Olivier ROSENBERG, Eric THIERS, La documentation française, Paris 2013, 215p.

[41] Selma BENDJABALLAH étudie l'identification de l'opposition dans la même revue. Emmanuel DELPHINE aussi dans « L'institutionnalisation de l'opposition dans les Etats d'Afrique francophone ». Le système déclaratif est fréquent en Afrique francophone.
http://196.1.97.20/viewer.php?c=articles&d=l_institutionnalisation_de_l_opposition_dans_les_etats_d_afrique_francophone
La loi béninoise a aussi un système déclaratif.

[42] OTAYEK rappelle avec désolation l'adage selon lequel, '' il ne peut y avoir deux caïmans mâles dans le même marigot'', au nom duquel fût systématiquement banni toute opposition ». In « Identité et démocratie dans un monde global », Paris, Presses de sciences Po, 2000, p.61.

[43] RANDRIANJA Solofo « Histoire, unanimisme, démocratie et société civile » Omaly syAnio, N°33-36. 1991-1992, pp.657-674.

[44] DUBOIS Robert, « L'identité malgache, la tradition des ancêtres », Karthala, 2002 P.79 et s.

Selon Sylvain URFER[45], politologue et jésuite : « les raisons de la crise. L'exercice du pouvoir, à Madagascar, n'est pas contre nature : il est contre-culture. Considéré comme un statut, plus qu'une fonction, il se doit d'être permanent et non pas limité dans le temps. Ce qui ne choque personne, puisque la loi du consensus et le refus du langage affronté excluent toute opposition structurelle ». Lire aussi Hugon[46] qui s'inscrit dans la même foulée.

Il y a aussi la vénalité des hommes politiques. Car selon la loi, en effet de leur déclaration d'opposant, eux et leurs partisans ne pourront plus espérer devenir membres du gouvernement, membres dirigeants de ministères, etc. Chose naturelle, un opposant ne peut participer à aucun poste au niveau de l'Exécutif. Ce n'est pas écrit noir sur blanc dans la loi malgache, mais l'interprétation *lato sensus* le suggère[47].

Il y aussi des lois liberticides et scélérates qui empêchent une catégorie importante de citoyens de faire de la politique et *a fortiori* de se déclarer opposant. C'est le cas de la loi sur les partis politiques qui interdit « aux magistrats des Cours et des tribunaux, [...] et les fonctionnaires d'autorité, d'être membres de parti politique pendant la durée de leurs

---

[45] Sylvain URFER, « La crise et le rebond » questions actuelles, 2010. Il est prêtre jésuite, enseignant et essayiste.

[46] HUGON Philippe, « La culture de la négociation doit aboutir in fine à l'unanimité » « La stagnation de l'économie malgache : le rôle des crises et des facteurs sociopolitiques en longue période », Revue internationale et stratégique 4/2005 (N°60), p. 19-32.
URL: www.cairn.info/revue-internationale-et-strategique-2005-4-page-19.htm.
DOI : 10.3917/ris.060.0019

[47] Art.9. al 4. Après analyse d'Emmanuel DELPHINE, dans une interprétation au sens large de la loi, dans tous les Etats d'Afrique francophone, l'opposition a le devoir de ne pas participer au gouvernement. P.85. Quoique la loi béninoise N°2001-36 du 14 octobre 2002 portant statut de l'opposition pose comme condition d'éligibilité au statut de l'opposition : « ne pas accepter un poste politique à un niveau quelconque du pouvoir exécutif ».

activités[48]. De même le code électoral (art.45) et l'Annexe du décret fixant la liste des autorités politiques et des fonctionnaires d'autorité civile ou militaire.

---

[48] Cf. art 4. Ce qui est scandaleux. En effet, cette loi voudrait épargner à cette autorité dispensée de politique d'être partiale dans son travail. C'est tout simplement un manque de confiance du citoyen envers le personnel de son administration.
Or, premièrement, interdire à cette catégorie citée d'être membre d'un parti politique attaque tout simplement la liberté de penser. La pensée se traduisant dans la pratique en l'adhésion et en le soutient apparent à un parti voire même en la participation active à la victoire des idéaux partagés. Encore plus curieux, le projet de loi relatif aux ressources des Collectivités territoriales décentralisées, aux modalités d'élections, ainsi qu'à l'organisation, au fonctionnement et aux attributions de leurs organes en son article 304 – énonce que « Les mandats de conseiller [...] d'une Collectivité territoriale décentralisée (CTD) sont incompatibles avec les fonctions de : [...] Magistrat des Cours et des Tribunaux ». Or être conseiller d'une CTD ne suppose aucun conflit d'intérêts et n'occupe pas un temps qui empêche d'assumer les fonctions de magistrat.
Deuxièmement, les constitutions malgaches, sauf celle de 2010 énoncent toute que « Tous les individus sont égaux en droit et jouissent des mêmes libertés fondamentales protégées par la loi sans discrimination fondée sur le sexe, le degré d'instruction, la fortune, l'origine, la race, la croyance religieuse ou l'opinion, in Art. 8. de La Constitution de la République de Madagascar (J.O. n° 3104 du 3 mai 2007, pages 2897-2923 et de la Constitution du 18 septembre 1992 de La République de Madagascar
Deuxièmement, mais très important, toute démocratie se fonde d'abord sur la foi en l'Homme. Si le Malgache se méfie de ses hommes (dont la catégorie visée par la loi), vivre en démocratie devient très difficile. Si effectivement, la catégorie visée par la loi a dans l'histoire fait preuve de partialité et de manque de professionnalisme, c'est la formation et la morale qui doivent être renforcées. La solution n'est pas l'amputation de droits et libertés.
Troisièmement, comme l'a dit la présidente du syndicat classé de gauche du juge qui a convoqué Nicolas SARKOZY, « il ne faut pas confondre neutralité et impartialité ». Un juge doit être impartial, mais il ne faut pas lui demander d'avoir une neutralité politique. Ce qui est impossible, car il est d'abord citoyen. Dans cette affaire, Nicolas Sarkozy avait décrié le fait que le juge qui a fait son enquête appartenait à un syndicat qui s'est ouvertement opposé à lui au second tour de 2012.

L'histoire démontre aussi quelques faits montrant une pratique politique malsaine :

- Sous la Première République. l'AKFM-KDRSM du pasteur ANDRIAMANJATO était opposant. Mais il se disait déjà « à 80% d'accord avec [le président de la République] ». Des éléments de ce parti se sont fait nommer ministres du gouvernement[49]. Des fondateurs du MDRM -en opposition à celui du président (PSD) - devinrent aussi ministres[50].
- Sous la deuxième République, seuls le PSM d'André RESAMPA et le PSD s'étaient volontairement positionnés en opposant face au Front National pour la Défense de la Révolution (FNDR)[51]. La loi obligeant les entités de se déclarer opposant était inutile, car ils s'étaient distingués

---

Quatrièmement, s'il est vrai que quelques pays démocratiques ont de telles lois liberticides, en général ce n'est pas le cas :

- Aux Etats-Unis par exemple, l'accession au poste de juge est politique. « les méthodes de sélection des juges sont variables [...], mais elles se rattachent toujours soit au système de l'élection, soit de la nomination. [...] soulignons que le processus est politique et partisan. In Que sais-je ? la justice aux Etats-Unis. Puf, Pr. Anne Deysine, 1998, p 67 et ss., 126p.
- De même en France (Commentaires et recommandations. a.21 Le magistrat bénéficie des droits reconnus à tout citoyen d'adhérer à un parti politique, à un syndicat professionnel, ou à une association et de pratiquer la religion de son choix, in

Recueil des obligations déontologiques des magistrats, 2010. Conseil supérieur de la Magistrature. Dalloz, p.67.

[49] Lire la critique du Pr. Jean FREMIGACCI « Madagascar ou l'éternel retour de la crise » dans Afrique Contemporaine N°251/2014, p.108-125. 193p.

[50] Lire les critiques du Pr.Lucile RABEARIMANANA, « Le pouvoir et l'opposition à Madagascar sous la Première République (1960-1972), Université d'Antananarivo, Madagascar, Revue des Mascareignes.

[51] Version de Didier RATSIRAKA in « Didier RATSIRAKA, transition démocratique et pauvreté à Madagascar. Entretiens avec un président de la République de Madagascar », par le Dr.Cécile LAVRARD-MEYER, Karthala, Paris 2015, 613p.

d'eux-mêmes aussi. Et l'opposition ne demandait rien aux tenants du pouvoir.

- Sous la Troisième République, il faut distinguer quelques cas :

  - o Du temps du Hery Velona du président ZAFY, il ne leur était pas envisageable de pactiser ostensiblement avec les personnalités du camp adverse c'est-à-dire de l'Arema puisqu'ils les ont diabolisés sur la Place du 13 Mai quelques mois auparavant. Par ailleurs, le président ZAFY est arrivé au pouvoir avec une équipe et avait des élus. L'opposition était donc naturelle, celle des Ratsirakistes (FAMIMA notamment). Ils ont réussi à avoir 13 élus à l'Assemblée nationale. C'est-à-dire qu'une loi obligeant à se déclarer opposant était inutile, car être un transfuge aurait été mal vu.
  - o Du temps de Didier RATSIRAKA qui a recueilli des alliés au deuxième tour de 1996[52], il avait donc aussi une équipe et *a fortiori* n'avait pas besoin des anti-Ratsiraka pour entrer au gouvernement. En face, les anti-ratsiraka farouches ont réussi à être élus tel Albert ZAFY lui-même, candidat contre RATSIRAKA au deuxième tour en 1996. C'est-à-dire qu'une loi obligeant à se déclarer opposant était inutile.
  - o Du temps de Marc RAVALOMANANA, la tension était toujours très vive entre ses partisans et ceux des vaincus de la crise de 2002. Ceux qui n'avaient pas reconnu le pouvoir de RAVALOMANANA[53] ou qui se sont opposés à lui ne demandaient donc rien et ne pouvait rien attendre de Marc RAVALOMANANA.

---

[52] Leader-Fanilo, AKFM renouveau, RPSD dans le gouvernement Pascal RAKOTOMAVO de 1997 à 1998. À l'Assemblée nationale, le Parti AVI de Norbert RATSIRAHONANA a obtenu un poste dans le bureau permanent grâce à une alliance avec l'Arema du président RATSIRAKA. Par contre, l'Avi et le RPSD basculent dans l'opposition à partir de 1998.

[53] A savoir les partisans des présidents ZAFY et RATSIRAKA

Une loi obligeant une déclaration en tant qu'opposant était aussi inutile, car les parties étaient pratiquement étanches

o Mais du temps de RAJAONARIMAMPIANINA, le contexte a changé. *A priori,* il devait arriver au pouvoir en 2014 avec une équipe, celle de la Transition d'Andry RAJOELINA puisque ce dernier a soutenu sa candidature. Ce qui à une semaine du début de mandat (janvier 2014) était très possible. Il avait en face de lui plusieurs candidats battus aux élections, dont le second, au deuxième tour[54] soutenu par l'ancien dirigeant Marc RAVALOMANANA. Si la position de ce dernier était restée constante, il aurait pu devenir une opposition naturelle, et cette loi obligeant à se déclarer opposant aurait été une simple formalité. Mais, en premier lieu, il a vite rejoint le camp de Hery RAJAO-NARIMAMPIANINA et en tous les cas ne s'est pas déclaré opposant conformément à la loi. En deuxième lieu, le clivage Andry RAJOELINA/Marc RAVA-LOMANANA a disparu ; Hery RAJAONARIMAM-PIANINA s'étant éloigné de RAJOELINA et Marc RAVALOMANANA s'était et se rapproche toujours de RAJAONARIMAMPIANINA[55]. Et en troisième lieu, ayant quitté Rajoelina, RAJAONARIMAMPIANINA se retrouve sans équipe[56]. Du coup, tous les politiciens n'ont aucun intérêt à se déclarer (prématurément) opposants puisqu'ils peuvent s'attendre ou même peuvent envisager de faire partie du nouveau pouvoir.

o Ici, se trouve l'intérêt de ce « mal nécessaire » qu'est cette loi qui oblige les opposants à se déclarer. Tous espérant obtenir un siège (parti, politicien ou

---

[54] Jean-Louis ROBINSON

[55] Le parti TIM de RAVALOMANANA entre au gouvernement.

[56] Il n'a aucun élu à l'Assemblée nationale ; met 80 jours pour trouver un premier ministre ; à un an et demi de mandat, il n'a toujours pas nommé d'occupants aux places d'ambassadeurs par exemple, etc.

même citoyen), personne sauf ceux qui ne veulent pas intégrer le pouvoir oseront se déclarer.

Qui peut être opposant ?

Selon la loi, seul un parti politique ou un groupe politique peut être opposant[57]. Il doit alors se déclarer au ministère de l'Intérieur, et ce, de manière publique.

Premièrement, la loi refuserait alors la déclaration d'une association[58] ou d'un simple citoyen comme étant de l'opposition. Logique de prime abord vu la culture politique malgache, cette disposition n'est pourtant pas juste[59]. En effet, la loi permet à un simple citoyen de se présenter aux élections quelles qu'elles soient, de même une association légalement constituée[60] peut présenter des candidats à des élections. Et ce, au nom des droits humains fondamentaux et d'un aspect historique[61]. Pourquoi dès lors refuser à un simple citoyen ou à une association de se déclarer opposant.

---

[57] Art.2

[58] Une association a déposé une déclaration d'opposition au ministère de l'Intérieur avec un récépissé : 17 février 2008, N°80138.

[59] Selon la loi n° 2011- 012 relative aux partis politiques dans son exposé des motifs « L'existence des dispositions constitutionnelles qui confèrent à toute personne le droit de créer des partis politiques, a fait naître plus de trois cent partis politiques à Madagascar. Pourtant, l'on constate que la majorité de ces partis ne s'implique dans la vie nationale que conjoncturellement. Certains n'existent que de nom, d'autres ont été créés pour briguer un quelconque mandat électif et disparaissent à la suite des échecs électoraux. Le multipartisme consacré par l'Ordonnance n° 90-001 du 09 mars 1990 portant régime général des organisations et partis politiques n'a fait que détériorer les conditions d'exercice de la politique. »

[60] Loi organique N°2012-016 relatives aux premières élections législatives de la quatrième République :

- Art. 8 : peut être élu membre de l'Assemblée nationale tout citoyen qui réunit les conditions ci-après.
- Art 25 : toute association légalement constituée peut présenter un candidat

[61] Voir explication plus bas.

> D'ailleurs, dans les faits, comme la loi interdit à un simple citoyen de se déclarer opposant, et qu'aucun parti ne s'est déclaré comme tel pendant plusieurs mois, il n'y aurait eu vraiment personne (morale ou physique) qui se serait opposée au pouvoir (actuel) sur tout le territoire malgache.

S'il est clair qu'un citoyen a le droit de se déclarer opposant, il y a certainement matière à réflexion à propos des associations. Néanmoins en l'état actuel des lois, il n'est pas normal de refuser à une association de se déclarer opposant.

> Il est pourtant curieux de noter que la loi sur les partis politiques de 2011 refuse l'idée qu'un simple citoyen puisse se présenter à des élections ou que des organisations apolitiques[62] puissent présenter des candidats[63]. Il y a donc contradiction entre cette loi et la loi sur les premières législatives de la Quatrième République qui permet aux simples citoyens de se présenter et aux organisations apolitiques de présenter des candidats. En principe, la liberté des citoyens et des organisations apolitiques est à consacrer. Si abus il y a, libre aux citoyens de juger.

Deuxièmement, la loi parle de « groupe politique ». L'interprétation est large, la loi est imprécise. Il n'y a pas de définition de ce qu'est un « groupe politique ». Une association peut très bien intégrer un « groupe politique » et s'inscrire en tant qu'opposant et participer à la nomination du leader de l'opposition. Une association peut, pourquoi pas être « un groupe politique » ? Curieusement, l'avis de la

---

[62] L'appellation « organisation apolitique » est elle-même curieuse, car elle suppose l'existence d'organisations politiques autres que les partis. Or toute organisation politique autre qu'un parti est interdite.

[63] Loi n° 2011- 012 relative aux partis politiques dans son Exposé des motifs « [l'] ordonnance [n° 90-001 du 09 mars 1990 portant régime général des organisations et partis politiques] qui a permis à des organisations apolitiques et même aux simples citoyens de se porter candidats à des élections paraît ainsi être dépassée par les événements ».

HCC assimile le terme « groupe politique » (libre de toute définition) aux « groupes parlementaires »[64] ! Du coup, hors du Parlement, point de salut pour « un groupe politique » !

À s'en tenir à cette loi sur l'opposition qui n'a été interprétée que pour les partis au Parlement et les groupes parlementaires :

- un député élu avec une association ne peut se déclarer opposant ! car non seulement, une association ne peut se déclarer opposant, mais le député en tant que personne physique non plus !
- Idem pour un maire élu à travers une association ou un parti n'ayant pas d'élu au Parlement.

Du point de vue de la culture politique malgache, selon Eric Dupont, la Constitution de la IIIème République permet à tout citoyen de se porter candidat pour « [marquer] la rupture avec le régime RATSIRAKA qui exigeait l'appartenance à un parti affilié au Front National de la Défense de la Révolution (FNDR) »[65].

Quels sont les droits et obligations des opposants ?

Seuls les points considérés comme essentiels seront cités ici puisque la loi en ses titres III et IV donne la liste exhaustive de ces droits et obligations. L'opposition est donc une institution[66]. De fait, l'opposition est financée ne serait-ce qu'au travers de sa présence au sein des institutions par des personnes physiques rémunérées en vertu de la Constitution et de la loi. Comme principale obligation, l'opposition se doit de respecter les lois.

---

64 « La notion de « groupe politique d'opposition » concerne les groupes parlementaires ».

65 Eric DUPONT, politologue, cité de l'article la « Constitution de la IIIème République malgache », p67-79, dans « Madagascar 1991-94 dans l'œil du cyclone » cahier N°1, L'Harmattan. Textes coordonnés par Ferdinand DÉLÉRIS, 1994, Paris, 156p.

66 Art.8 de la loi sur l'opposition.

Y a-t- il une personnalité marquante dans l'opposition ?

Oui, il existe un « Chef de l'opposition officiel »[67]. Ce terme est souvent utilisé dans des pays démocratiques sans que nécessairement ce soit en référence à une loi.

Quel est son rôle ?

Seuls les points considérés comme essentiels seront cités ici puisque la loi est exhaustive. Il exprime la voix de l'opposition face au président et au premier ministre[68]. Il appartient de plein droit à l'Assemblée nationale et a un rang de vice-président dans celle-ci. Il a un droit de nomination sur un certain nombre de membres d'institutions (voir art.16).

Mais en réalité, le vrai rôle de l'opposition est de se positionner en alternative au pouvoir. Le statut de l'opposition sert donc à celle-ci dans son droit d'expression,

---

[67] Art.16 de la loi sur l'opposition. À titre d'information, Yves SUREL essaie de donner une définition : « 1. c'est l'acteur qui dirige la principale force d'opposition et porte l'essentiel des critiques et propositions alternatives au pouvoir en place ; 2. c'est l'adversaire principal du titulaire de la fonction exécutive, soit l'un des candidats (déclarés ou non) à l'élection présidentielle, soit l'un des titulaires possibles du poste de chef de gouvernement suite à une élection législative. » Il précise très vite que : « que les développements qui vont suivre ont un caractère plus spéculatif et programmatique qu'ils ne sont analytiques et systématiques ».
Yves SUREL, "Le chef de l'opposition", Pouvoirs, revue française d'études constitutionnelles et politiques, n°108, 108 - L'opposition, p.63-80. Consulté le 2016-05-11 14:53:26 .
URL : http://www.revue-pouvoirs.fr/Le-chef-de-l-opposition.html
Pour un point de vue comparatif lire : Emmanuel DELPHINE, « L'institutionnalisation de l'opposition dans les Etats d'Afrique francophone », p.82 et s. Nouvelles annales africaines.
http://196.1.97.20/viewer.php?c=articles&d=l_institutionnalisation_de_l_opposition_dans_les_etats_d_afrique_francophone

[68] Art.16. – al.4 : le droit de réplique aux messages et autres interventions médiatisées du Président de la République ou du Chef du Gouvernement.

mais surtout ce statut l'aide à préparer les élections suivantes.

Effet incident très important : cette loi, ce « mal nécessaire », permet à un pays comme Madagascar de clarifier le jeu politique. En effet, les entités politiques, les partis politiques, les hommes politiques, qui n'osent pas s'affirmer en tant qu'opposant ou en tant que soutenant le régime jouent la carte de l'étiquette « indépendant » lors des élections pour se rallier une fois élus, soit aux opposants soit aux gouvernants. Ce qui est par définition une tricherie électorale qui ne trouve pas de sanction juridique.

Grâce à cette loi, en tout cas une fois bien comprise, l'étiquette « indépendant » deviendra caduque[69] aux yeux de l'électeur, car la loi identifie les opposants des dirigeants par le seul fait du mode déclaratif de la loi. Oui, car celui qui ne se déclare pas opposant peut désormais être qualifié de partisan du régime[70] ou comme

[69] Il existe en France une appellation « groupe minoritaire » qui ne serait ni opposant ni soutenant le régime… notion sur laquelle, les prétendus « indépendants » malgaches sauteraient… Néanmoins, ces groupes minoritaires en France ont bel et bien une idéologie. « Puisqu'il existe désormais trois groupes minoritaires au sein de la majorité, avec des clivages idéologiques souvent assez nets. » mais en même temps « pour l'heure, ces groupes restent très subordonnés à la logique majoritaire », in Ariane VIDAL-NAQUET, « Le renouveau de l'opposition », Revue Pouvoirs, 146, p133-147.
Mais en tout, il est permis de douter de l'efficacité de cette possibilité de se déclarer « groupe minoritaire », car on reviendrait à la situation initiale ou personne ne se déclarera opposant…

[70] Tout au contraire, Ariane VIDAL-NAQUET se réjouit que le système en France ne tende pas à la bipolarisation de la vie politique « Ce dispositif, nécessaire pour inciter à la déclaration d'appartenance à l'opposition, n'aura-t-il pas pour conséquence de fausser ou de forcer le clivage entre majorité et opposition et de renforcer de facto le caractère bipolaire de la vie parlementaire ? L'écueil semble en partie évité d'une part par le caractère facultatif de cette déclaration et, d'autre part, par la création d'une catégorie apparemment intermédiaire, « les groupes minoritaires », susceptibles de faire la jonction entre la majorité et

l'entité Mitsangana Ry Malagasy -qui ne s'est pas enregistrée au ministère - d'entité qui veut abattre immédiatement le régime.

Quand est-il nommé ?

Selon la loi, il est nommé après chaque élection législative[71]. Le fait que deux ans et demi après la proclamation des résultats des législatives il n'y ait toujours pas de chef de l'opposition est une entorse grave à la loi.

D'abord, l'opposition doit participer à l'élaboration du règlement intérieur de l'Assemblée nationale puisqu'elle détient un poste de vice-président. Ensuite, elle doit voter pour les membres du bureau permanent de ladite assemblée. Enfin, elle doit participer aux votes de toutes les lois sur lesquelles l'Assemblée nationale travaille.

Ce qui n'est absolument pas le cas pour la législature 2014.

> Le fait est qu'aucun membre de l'Assemblée nationale ne s'est déclaré opposant (depuis le premier jour de la première session jusqu'à ce jour). Seule une association s'est déclarée opposant la veille de la première session, mais le ministère de l'Intérieur a refusé de considérer[72] ce cas sans doute au moyen de l'art.2 de la loi qui exige que cette déclaration soit faite par un parti et non par une association[73]. Par un deuxième moyen, le ministère de l'Intérieur n'a pas rendu cette déclaration publique par un affichage par exemple. La loi édicte pourtant que « L'appartenance à l'opposition doit faire l'objet d'une déclaration officielle et publique[74] et doit être enregistrée au Ministère de l'Intérieur » (Art.2).

---

l'opposition », in « L'institutionnalisation de l'opposition quel statut pour quelle opposition ? »

[71] Art.6.

[72] Juste en ne reconnaissant pas la déclaration.

[73] Même cas dans certains pays comme le Bénin.

[74] C'est nous qui soulignons.

> Un haut responsable de ce ministère après un entretien a expliqué que rien dans la loi ne permet au Ministère de rendre les déclarations publiques. D'après lui, il faut un décret d'application, une note service ou un autre acte réglementaire pour permettre à son ministère de le rendre public.
> Notons juste en nous référant à des dispositions similaires que la création d'une association est aussi publique et consultable par tout citoyen au bureau des provinces ou des régions sans autre formalité. De même le registre des sociétés est public sans autre formalité. Point n'est alors besoin d'une autre formule pour rendre les déclarations publiques[75]. Ou encore le Certificat juridique foncier peut être demandé par n'importe quel citoyen.
> Ce qui est clairement contraire à la loi, c'est pour le ministère de l'Intérieur, de garder la déclaration d'une entité, confidentielle, inaccessible (en la rangeant dans ses tiroirs par exemple). Au Bénin, le ministère ou le parti peut imposer au Journal officiel de publier la déclaration.

Cette faute est imputable au ministère de l'Intérieur donc à tout l'exécutif et à l'Assemblée nationale. Une part de responsabilité revient aussi aux opposants, qui dans les faits, sont trop faibles pour se battre pour leurs propres droits.

> Plus tard, en avril 2014, d'autres partis cette fois-ci, se sont déclarés opposants au ministère de l'Intérieur et ont nommé une personne pour être chef de l'opposition.
> Le ministère de l'Intérieur a refusé de considérer cette démarche, car il estime qu'un décret d'application est nécessaire. Or c'est ce ministère même qui rédige ledit décret. À ce jour, ce décret n'est toujours pas sorti.

Deuxième fait dans la réalité politique, le ministère de l'Intérieur a refusé l'existence d'une opposition à

---

[75] Il est vrai que dans quelques pays, les dispositions précisent que l'entité étatique devant laquelle un parti d'opposition se déclare trouve une procédure pour rendre cette déclaration déjà publique, publique… c'est le cas au Bénin. À nos yeux, cela est tout à fait inutile.

l'Assemblée nationale tant que le Programme général de l'Etat n'était pas proclamé. Et le ministère n'est pas le seul à le penser. Les journalistes[76], les juristes, etc. partagent cet avis.

L'art.2 de la loi semble donner raison à ce raisonnement puisqu'il y est mentionné que :

> « Art. 2 –Est d'opposition au sens de la présente loi, tout parti légalement constitué ou groupe politique et qui développe pour l'essentiel des positions et des opinions différentes de celles du Gouvernement. »

Or dans la science politique et la réalité :

- lors des élections, il est connu au moins une minute avant l'ouverture des bureaux de vote que les programmes des candidats opposés sont…différents. Point n'est besoin d'attendre la déclamation du Programme général de l'Etat de l'élu pour savoir que le programme du vaincu est différent de celui du vainqueur. *A fortiori*, une campagne électorale sert à différencier les programmes des candidats[77].

---

[76] IMASINDIA dans son éditorial fustige « Alors que le Programme général de l'État (PGE) n'est toujours pas sorti, ces protégés de Lalatiana RAVOLOLOMANANA se déclarent déjà de l'opposition. Il s'agit donc ici de s'opposer à une personne et non une opposition d'idée comme il le faut et comme on le fait dans les grands pays démocratiques." In « Une opposition de pacotille ! », Courrier de Madagascar, mardi, 06 Mai 2014
http://www.newsmada.com/index.php/editorial/40365-une-opposition-de-pacotille-#.U2i54fkem01.

[77] Nonobstant le fait que des électeurs-mêmes estiment que les campagnes électorales malgaches ne sont pas basées sur les débats d'idées.
Lire par exemple :
- le Sefafi, « Présidentielles de 2013 : bilan du 1er tour, Antananarivo, 4 novembre 2013.
- Sandra R, « Les personnes priment souvent sur les idées », in La vérité du 21 octobre 2013.
- Etc.

- Le premier ministre n'a été connu que deux mois après l'installation du vainqueur des élections présidentielles, c'est-à-dire que ce dernier a pu diriger le pays sans aucune contradiction officielle

- L'opposition dans tous les pays démocratiques est connue au lendemain des élections. Point n'est besoin pour un parti de droite d'attendre le programme de gouvernement du parti de gauche amené au pouvoir pour être opposant…

Et dans la loi, il est clairement dit :

- Dans l'art.16 que le chef de l'opposition a le droit de réplique aux messages et autres interventions médiatisées du <u>Président de la République</u>[78] ou du Chef du gouvernement

- Dans l'art.22, l'opposition doit veiller à ne pas entraver inutilement l'action du Gouvernement <u>ou de l'équipe présidentielle,</u>

- Etc.

Donc, peu importe qu'il y ait premier ministre et politique générale de l'Etat (PGE) ou non, le chef de l'opposition a le droit de répliquer au président. La volonté de retarder l'existence parlementaire de l'opposition officielle est soit délibérée pour étouffer les droits de l'opposition, soit est due à un manque de compréhension de la loi.

> En cours de mandat, il est très possible qu'il y ait remaniement. Dans ce cas, l'opposition existe toujours face au président même s'il n'y a plus de premier ministre et en attendant qu'il y en ait un nouveau avec probablement un nouveau PGE. Le fait que pendant un laps de temps plus ou moins court, il n'y a qu'un gouvernement qui n'expédie que les affaires courantes ou un gouvernement en formation donc sans PGE ne doit pas éliminer l'opposition et son chef de l'Assemblée nationale. L'argument de l'attente d'un PGE avant une opposition ne tient donc pas du tout.

---

[78] C'est nous qui soulignons.

Lors de l'entretien avec le haut responsable du ministère de l'Intérieur, il est tenté de définir un délai durant lequel les partis d'opposition peuvent se déclarer opposants[79] :

- Soit au-delà d'une date qu'il détermine, il ne serait plus possible de se déclarer opposant,
- soit, il ne serait plus possible pour les retardataires de désigner, avec ceux déclarés plus tôt, le chef de l'opposition.

Or fixer un délai limite à la déclaration d'opposition est anti-démocratique. Il est impensable d'interdire à un citoyen, un parti, etc. de devenir opposant juste parce que le délai légal est dépassé ! Le droit de s'opposer est possible à tout moment. Pour celui du droit de désigner le chef de l'opposition pour ceux arrivés après la désignation, il est tout à fait normal que les derniers ne jouissent pas de ce droit. Encore qu'il y existe un moyen de destituer le chef de l'opposition.

Comment se fait cette nomination ?

Les partis politiques déclarés opposants nomment le chef de l'opposition (Art.6). Démarche qu'ont faite les partis inscrits, mais qui n'a pas trouvé la considération du ministère de l'Intérieur. Lors de l'entretien, le haut responsable du ministère de l'Intérieur estima qu'il fallait un décret émanant de l'Exécutif pour organiser l'élection du chef de l'opposition à l'Exécutif…

Or la loi est claire, dès lors que les signatures qui ont nommé le chef de l'opposition correspondent à celles enregistrées au ministère de l'Intérieur, la désignation est valide.

[79] La presse en fait écho : « il n'est indiqué dans aucune des lois qui évoquent l'opposition la durée pendant laquelle les partis peuvent se déclarer dans l'opposition », in L'Express de Madagascar, « Deux clans se disputent le chef de l'opposition », par Lova Emmanuel.

Ce haut responsable pense aussi que les opposants déclarés au ministère de l'Intérieur doivent faire un appel à ralliement avant de nommer le chef de l'opposition pour avoir davantage de légitimité. Des juristes le pensent aussi[80], des opposants eux-mêmes l'affirment…[81]
Or, l'appel à ralliement est fait par la loi même. Plus personne n'est appelé à se rallier puisque ceux qui s'estiment opposants se déclarent au ministère de l'Intérieur. Autrement dit, ce n'est pas à ceux qui se sont déclarés au ministère de l'Intérieur d'appeler au ralliement, c'est à eux qui s'estiment opposants d'aller au ministère.

L'avis de la Haute Cour constitutionnelle indique pourtant que la nomination du chef de l'opposition se fait par les partis représentés à l'Assemblée nationale[82]. Qu'en est-il ? Et le chef de l'opposition doit-il être un élu lors des élections ?

La loi affirme de manière expresse que le chef de l'opposition peut ne pas être un élu (Art.6). Par contre presque tous les juristes[83], politiciens[84], sociologues[85],

---

[80] Tels Firiana RANESA estiment « que [l'opposition] devrait d'abord organiser un rassemblement de tous les opposants avant de désigner le nom du Chef de l'opposition, mais non pas l'inverse, autrement dit désigner le Chef avant de lancer un appel à ralliement. In L'Express de Madagascar, « Deux clans se disputent le chef de l'opposition », par Lova EMMANUEL.

[81] Lalatiana RAVOLOLOMANANA, opposante non-déclarée au ministère de l'Intérieur à la date des propos suivants dit : « le chef de l'opposition sera désigné ou élu à l'issue [d'un] prochain conclave ». C'était à Radama Hôtel le 6 juin 2014 et rapporté dans l'article cité plus haut. Propos qu'elle a toujours tenus.

[82] Avis n°04-HCC/AV du 17 septembre 2014 relatif à une demande d'avis sur le cadre institutionnel d'exercice du statut de l'opposition 19 septembre 2014 - Avis.

[83] Par exemple :

journalistes[86] et même la Haute Cour Constitutionnelle (HCC)[87] affirment qu'il n'y a que les partis représentés au Parlement qui peuvent désigner le chef de l'opposition.

- Rindra RABARINIRINARISON lors de la conférence organisée par le Youth Leadership training Program le 23 mai 2014 au Development Learning Center, Antananarivo a posé la question.
- Béligh NABLI dans « L'opposition parlementaire : un contre-pouvoir politique saisi par le droit » (in revue Pouvoirs) dit "En cela, [l'opposition] a vocation à exercer un contre-pouvoir politique, qui tire sa légitimité du suffrage populaire. » Quoique pour Madagascar, le cas d'une opposition sans élu au Parlement est expliqué par ailleurs.
- En octobre 2014, le même débat a encore cours…lire Honoré RAKOTOMANANA et Sahondra RABENARIVO dans « Chef de l'opposition. Prérogative de l'opposition parlementaire », L'Express de Madagascar par Garry RANAIVOSON le 2 octobre 2014. Comme quoi le débat n'avance pas à Madagascar et la presse n'y contribue pas.

[84] Harotsilavo RAKOTOSON :
« Le chef de l'opposition devrait être un élu ».
in L'express de Madagascar du 10 juin 2014 dans l'article intitulé :
« L'opposition devrait être une organisation »,
http://www.lexpressmada.com/?s=harotsilavo&submit=TROUVER

[85] André RASOLO in L'Express de Madagascar, « Deux clans se disputent le chef de l'opposition », par Lova Emmanuel.

[86] Par exemple :

- Le journal La vérité titre « L'opposition doit être parlementaire », 7 juin 2014.
- Le journaliste Sylvain RAFIADANA-NTSOA sur sa page Facebook : « Eto Madagasikara ihany no misy an'izany antoko politika tsy manana olomboafidy, tsy manana mpikambana, ary tsy nahavita kongresy izany, nefa dia miady sisiny ery, mitonona ho mpanohitra, hitsifoka ao amin'ny antenimieram-pirenena...

Miady an-karona, sy misisika mafy hanatevin-daharana ireo izay efa hiandronan'ny hatezerana mbamin'ny alahelom-bahoaka ! Une opposition politique se fait sur une base élective, autrement il y aurait au moins 1000 citoyens qui auraient la possibilité de se déclarer opposants, et prétendre à figurer parmi nos gargantuas nationaux. Comme quoi, notre bananeraie se distingue toujours par ses inepties...
https://www.facebook.com/sylvain.rafiadanantsoa/posts/749172231788941?comment_id=749717925067705&offset=0&total_comments=20&ref=notif&notif_t=feed_comment_reply

A fortiori, si la loi considère les « groupes politiques »[88] comme pouvant se déclarer comme étant de l'opposition, la HCC ignore la locution « groupe politique » dans les articles de son Avis. Par contre dans ses « considérants », la HCC assimile « groupe politique » à « groupe parlementaire ». La HCC ouvre une brèche. Dans ce cas où « groupe politique » égale « groupe parlementaire », les élus à travers les associations auraient pu participer à la nomination d'un chef de l'opposition, mais en intégrant forcément « un groupe

---

- Le blog Tanjona veut créer des critères : « ne peut être candidat et désignée qu'une personnalité elle-même chef d'un parti d'envergure nationale et ayant eu au moins un élu durant les 5 dernières années, dont le parti dispose formellement d'un certain nombre d'adhérents actifs et à jour de cotisation, etc. ». La question est si personne ne remplit les critères, l'opposition n'existe donc pas ? une personne en tant qu'individu n'a donc pas le droit de se proclamer opposant ? http://www.tanjona.org/sortir-de-limpasse-politique-dix-propositions-pour-le-regime/
- À propos, une citation est à méditer : « Si tous les hommes moins un partageaient la même opinion, ils n'en auraient pas pour autant le droit d'imposer silence à cette personne, pas plus que celle-ci, d'imposer silence aux hommes si elle en avait le pouvoir », in John Stuart MILL, De la liberté, trad. fr. Dupond WHITE revue par Laurence LENGLER, Paris, Gallimard, « Folio », 1990, p. 85 cité par Marc SADOUN dans son article « Opposition et démocratie » dans la Revue Pouvoirs – 108, 2004. SADOUN ajoute : « Pour un libéral, c'est l'opposition de l'individu qu'il faut d'abord préserver »
- Le journaliste Ndimby ANDRIANAVALONA, (https://www.facebook.com/ndimby.tribune/posts/881917818493964?comment_id=884003594952053&offset=0&total_comments=10&ref=notif&notif_t=share_reply), soutenu par le juge Jean-Michel RASOLONJATOVO, le journaliste Alain ANDRIAMIANDRAVOLA et le bloggeur Marc HARMELLE (https://www.facebook.com/gloubglouba/posts/759916887403518?comment_id=759974520731088&offset=0&total_comments=7&notif_t=share_reply)

[87] Avis n°04-HCC/AV du 17 septembre 2014 relatif à une demande d'avis sur le cadre institutionnel d'exercice du statut de l'opposition 19 septembre 2014.

[88] Art.2.

parlementaire ». Autre incohérence, puisqu'un parlementaire n'est pas obligé d'entrer dans un groupe et pourtant il a bien le droit de se déclarer opposant et de participer à la nomination du leader de l'opposition ! A ce jour, le cas d'un parlementaire élu à travers une association ou en individuel et qui n'a pas intégré un groupe parlementaire et qui s'est déclaré opposant ne s'est pas présenté, nous ne connaissons pas la réaction de la HCC.

En tous les cas, seul le juge Miadantsata Indriamanga Rakotoarisoa a émis un avis contraire à la HCC[89].

La HCC, en lisant l'article 14 de la Constitution qui dit : « [...] Après chaque élection législative, les groupes politiques d'opposition désignent un chef de l'opposition. [...]», lit « Après chaque élection législative, les groupes politiques d'opposition dans l'Assemblée nationale désignent un chef de l'opposition ». Or la locution « après chaque élection législative » n'est pas égale à « dans l'Assemblée nationale ». Donc, un chef de l'opposition peut très bien émaner des partis inscrits au ministère de l'Intérieur, mais qui n'ont pas forcément de députés à l'Assemblée nationale[90].

---

[89] Lors de l'émission Don-dresaka du 6 mars 2016 sur la chaîne TV+.

[90] L'actuel président de la HCC, Jean Eric RAKOTOARISOA a écrit un article à propos de l'opposition à Madagascar en tant qu'enseignant-chercheur, mais sa prise de position n'est pas claire. Souhaite-il l'existence d'une opposition, veut-il protéger l'opposition, ou l'inexistence d'une opposition ou une opposition symbolique est-il un facteur négligeable dans une démocratie ? L'article est descriptif. « L'opposition à Madagascar ». Madagascar Fenêtre. CITE. Vol.2. p.123-133.157p.

Or dans ce genre de nomination dans une Cour Constitutionnelle, la position doctrinale du futur nommé est intéressante :

- Selon Bernard CHANTEBOUT : « Les garanties dont on entoure [les membres des Cours Constitutionnelles ou Cour Suprême aux Etats-Unis] après leur nomination permettent [...] à celui qui les nomme d'être sûr que rien ne les obligera à abandonner les opinions qu'ils professaient [...] » p.59 de Droit Constitutionnel et science politique, 16ème édition, Armand Colin,1999, paris, 640p.

C'est-à-dire que dans le cas précis des élections de 2013, comme tous les députés sont devenus partisans du régime, le candidat battu au deuxième tour (Dr. J-L Robinson) ne peut-en principe et selon la HCC- devenir chef de l'opposition alors qu'il représente presque la moitié des votants !

Cela constitue une aberration due à l'interprétation de la HCC. Voyons l'importance cruciale de l'existence de l'opposition ou de son chef :

En « Grande-Bretagne pendant la Seconde Guerre mondiale : avec la mise en place d'un gouvernement d'union sacrée, toute opposition aurait dû normalement disparaître. Pourtant, l'existence d'une opposition apparut à ce point nécessaire au débat public que le *speaker* de la Chambre des communes désigna un leader de l'opposition parmi les rangs travaillistes […] »[91] !

Au Canada, par contre, le chef de l'opposition doit être un élu. Mais le contexte est différent. Il est impensable qu'aucun parti canadien à l'Assemblée nationale ne soit opposant. Ce qui est pourtant le cas après les législatives de 2013 à Madagascar. Donc il est normal que la loi malgache permette à un non-élu de devenir chef de l'opposition puisque sinon, il n'y a pas d'opposition qui puisse tenir un débat avec le président de la République et le premier ministre si aucun parti politique ne se déclare de l'opposition à l'Assemblée nationale.

En Inde, selon la loi[92] qui est polémique[93], le poste de leader de l'opposition n'est pourvu que si le parti qui s'en

---

- idem pour Anne DEYSINE, in Que sais-je ? La justice aux Etats-Unis. Puf, Pr. 1998, p 68 et ss., 126p.

[91] PIMENTEL Carlos Miguel, « L'opposition, ou le procès symbolique du pouvoir », Pouvoirs 1/2004 (n°108), p. 45-61,
URL : www.cairn.info/revue-pouvoirs-2004-1-page-45.htm.
DOI : 10.3917/pouv.108.0045.

[92] The leaders and chief whips of recognised parties and groups in parliament (facilities) act, 1998 and rules made there under

[93] Lire :

- May 19, 2014,

proclame au sein du parlement[94] obtient 10% des sièges. Ce qui paraît être de l'avis de la HCC. Et cela est arrivé à plusieurs reprises[95]. Encore que, dans le Parlement indien, bien qu'il n'y ait pas de chef de l'opposition, ce qui est différent du cas malgache vécu, il y a bel et bien des partis et des députés d'opposition. La démocratie vit donc dans le parlement indien et non dans le parlement malgache, car, il n'y a aucun député/parti qui soit de l'opposition.

À Maurice, il est possible qu'un parti politique « rafle tout »96, c'est-à-dire obtient tous les sièges à l'Assemblée nationale donc ne laisse de place à aucun député d'un autre parti encore moins d'opposition. La loi mauricienne prévoit alors un « système du meilleur perdant »97 qui permet à huit

---

https://electionlawindia.wordpress.com/tag/salary-and-allowances-of-leaders-of-opposition-in-parliament-act/

- May 22, 2014, http://www.rediff.com/news/column/ls-election-who-will-be-the-leader-of-the-opposition-in-the-new-lok-sabha/20140522.htm

« Hypothetically speaking, if the ruling party/alliance had secured 542 of the 543 seats, the one member of the Opposition would still be a legislature party and also its leader for the purpose of the Tenth Schedule, unless he/she won the seat as an independent candidate. So he/she would still legitimately stake his/her claim to the office of the Leader of opposition.

- Friday, October 17, 2014 http://zeenews.india.com/news/india/no-minimum-percentage-of-seats-required-for-leader-of-opposition-lok-sabha-secretariat_1486327.html

[94] Le Parlement de l'Inde (ou Sansad) est un parlement bicaméral. Il comprend deux Chambres : le Conseil des États (Rajya Sabha) et la Chambre du Peuple (Lok Sabha).

[95] « New House cannot have Opposition leader », May 22, 2014, The Hindu, http://www.thehindu.com/news/national/new-house-cannot-have-opposition-leader/article6034355.ece

- No leader of oppn? There wasn't any in Nehru, Indira, Rajiv days", May 23, 2014, http://www.rediff.com/news/column/ls-election-no-leader-of-oppn-there-wasnt-any-in-nehru-indira-rajiv-days/20140523.htm

[96] « The winnertakes all »

[97] « Best looser system » ou BLS

candidats non-élus de devenir députés par une nomination[98] ! Mais il faut dire que cette récupération se fait d'abord par rapport à des critères racistes, ensuite politiques. Néanmoins, si réellement, même après application du système du meilleur perdant, il n'y a toujours pas d'opposition, car les députés correctifs repris en considération de leur communauté (race ou ethnies) sont toujours du parti au pouvoir, donc, il n'y a vraiment pas d'opposant au Parlement, la loi mauricienne peut être d'interprétation large. Si au départ, une lecture de la loi pourrait indiquer que les députés correctifs n'existent pour une représentation ethnique, encore que cela n'est pas vérifié, à la base, un parlement est politique, et non pas ethnique. La représentation doit donc être fondamentalement d'abord politique ce qui amènerait à récupérer un candidat battu appartenant à l'opposition.

Du coup, il n'est pas possible qu'il n'y ait pas de Leader de l'opposition à Maurice.

Le leader de l'opposition est donc parmi ces huit non-élus repêchés[99] ! À Madagascar pourtant, la HCC veut que le Chef de l'opposition ait un élu à l'Assemblée nationale.

Mais pour parler de l'île Maurice, la loi laisse le Président libre de choisir le leader de l'opposition[100]…l'esprit évidemment suggère que ce leader de l'opposition soit celui qui est le chef du parti d'opposition. Mais à s'en tenir à la lettre de la Constitution, cette nomination quasiment à la discrétion du Président est très dangereuse. Des chefs de l'opposition loyalistes ont existé[101]. Ce que ne prévoit pas heureusement la loi malgache.

---

[98] Donc, ce sont des candidats battus.

[99] Ils sont appelés « Députés correctifs ».

[100] Lire Annexe 6 relatif au cas de Maurice où il y a toujours un chef de l'opposition.

[101] 1- Lire Comparatif Madagascar-Maurice, l'Harmattan, 2013.
2- La Constitution prévoit l'absence d'un leader de l'opposition, mais en lisant la Constitution (art.64.6), la vacance est exceptionnelle et temporaire.

Et, l'esprit de la loi sur l'opposition est justement :

- De favoriser l'existence de l'opposition (financièrement, statutairement, etc.)
- De permettre une représentation au sein du Parlement (à Maurice, il s'agit d'une représentation ethnique et politique) au point de repêcher un non-élu (le(s) meilleur(s) perdant(s)
- D'avoir une opposition au Parlement même si le parti au pouvoir rafle tous les sièges ! (Cas de Maurice)[102]

En général, Yves Surel parle de « droits et ressources institutionnellement conférés à l'opposition » et de « privilèges de l'opposition »[103].

Donc, ici, l'opposition extra-parlementaire peut très bien être repêchée pour intégrer le Parlement et nommer le chef de l'opposition.

L'avis de la HCC[104], soutenu par de nombreuses personnes est peu convaincant. Elle tranche pour le refus de l'octroi à l'opposition non parlementaire du droit de désigner un chef de l'opposition. L'art. 14 de la Constitution n'exige absolument pas que les groupes d'opposition dont elle parle soient situés à l'Assemblée nationale. Les conséquences néfastes sont nombreuses, principalement :

---

[102] Cas de Gaëtan DUVAL, non élu, mais nommé à la faveur du système du meilleur perdant. Il n'avait que près de 6% aux élections.

[103] Yves SUREL, « L'opposition au Parlement quelques éléments de comparaison », Revue internationale de politique comparée 2011/2 (Vol. 18), p. 115-129. DOI 10.3917/ripc.182.0115

[104] La HCC à ce moment-là est composé de : M. RABENDRAINY Ramanoelison, Haut Conseiller-Doyen, Président; M. ANDRIAMANANDRAIBE RAKOTOHARILALA Auguste, Haut Conseiller ; Mme ANDRIANARISOA RAVELOARISOA Fara Alice, Haut Conseiller ; Mme RASAMIMANANA RASOAZANAMANGA Rahelitine, Haut Conseiller ; Mme RAHARISON RANOROARIFIDY Yvonne Lala Herisoa, Haut Conseiller ; M. RABEHAJA-FILS Edmond, Haut Conseiller; M. RAKOTOARISOA Jean-Eric, Haut Conseiller. Ils sont assistés par Maître RALISON Samuel Andriamorasoa, Greffier en Chef.

- À s'en tenir à cet avis de la HCC, de cette Constitution et de cette loi sur l'opposition, nombre de députés ne pourront pas s'autoproclamer opposants, car ils n'ont pas été élus sous des couleurs de partis politiques, mais d'associations ou en leur nom personnel… ce qui révèle une faiblesse de la loi qui doit être appliquée donc avec intelligence en attendant une réforme. D'ailleurs, une grande parenthèse doit être ouverte[105].

- Un Maire, un chef de région, un chef de province ou des conseillers (municipaux, régionaux, provinciaux) et même un sénateur élu grâce à une association ou en en son nom personnel ne pourra se déclarer opposant et devenir chef de l'opposition, car il n'a ni député ni parti au sein de l'Assemblée qui à ce moment-là est à 100% avec le pouvoir en place !

- Les sièges attribués à l'opposition pour la bonne marche de la démocratie[106] ne seront jamais pourvus tant qu'il n'y a pas un parti d'opposition dans l'Assemblée nationale qui se déclare opposant !

- Grâce à cet avis de la HCC, un pouvoir corrupteur peut toujours acheter 150 députés pour que jamais aucun d'eux ne se déclare opposant au régime. Aujourd'hui, ce n'est peut-être même pas le cas et toute l'Assemblée nationale est partisane de M. Hery RAJAONARIMAMPIANINA. Or ce dernier n'avait aucun élu au moment de son investiture.

- L'opposition qui est brimée de son droit de réplique sera plus tentée de descendre dans la rue pour s'exprimer. Or l'esprit de la loi est justement de donner une tribune au Parlement

- l'opposition amputée d'une source de financement - représentée par les postes que la Constitution lui attribue

---

[105] Lire Annexe 5 sur le mandat impératif.

[106] Le deuxième plus important est le siège de président de commission à l'Assemblée nationale. Pour le reste, lire notre avis dans « Pour le renforcement de la crédibilité l'état et la suppression des institutions « doublons » (Ceni, Bianco, tribunal vert, EDBM, CES, CSLCC, etc.) », N°62, MCI, 2ème trimestre 2013.

sera encore tentée non de s'organiser pour les élections, mais de descendre dans les rues pour abattre le régime,

- Etc.

Et surtout, c'est l'esprit ayant présidé la loi portant statut de l'opposition elle-même qui est piétinée. Cette loi a pour but justement de favoriser l'existence d'une opposition face à un pouvoir absolu.

Soulignons que ce statut de l'opposition est une loi. Elle s'impose à tous et concerne tous les citoyens. Si elle ne concernait que les parlementaires comme l'affirme la HCC, elle aurait dû être contenue uniquement dans les règlements intérieurs des assemblées parlementaires et personne d'autre ne s'en serait soucié[107].

Dans la *realpolitik*, après cet avis liberticide de la HCC, il ne reste plus au pouvoir en place qu'à draguer tous les parlementaires pour qu'aucun de leur parti ne se déclare opposant pour n'avoir aucun vis-à-vis (Chef de l'opposition).

Néanmoins, nous allons admettre l'Avis de la HCC à savoir : seuls les partis présents au Parlement peuvent nommer un chef de l'opposition et de sa décision qui ne reconnaît pas le mandat impératif. Voici des cas cocasses et des questions que cela engendre :

- Dans le cas où un parti politique a un parlementaire, mais que cet élu se rallie aux tenants du régime et que pourtant le parti se déclare opposant, le parti peut-il nommer ou participer à la nomination du chef de l'opposition ?

---

[107] Il est possible que des lois similaires prescrivent que le chef de l'opposition sorte uniquement du Parlement, mais comme le cas de vacance du poste ne s'est pas présenté, aucune étude n'a pu déceler l'anomalie.

En tous les cas, tous les systèmes qui ont un chef de l'opposition et qui, dans son arsenal juridique le place dans un texte constitutionnel, le décline ensuite dans une loi, c'est-à-dire valable pour tous les citoyens du pays et non seulement pour les parlementaires.

Oui. Car la loi indique que c'est le parti qui s'inscrit au ministère de l'Intérieur et non les élus.

Mais il est vrai que cela est illogique et pourtant très possible d'autant plus que la HCC n'a pas interprété la Constitution comme instaurant un mandat impératif. Si le mandat impératif avait été valide, alors lorsque le parti bascule dans l'opposition, le député aussi le devient (sauf comme la loi le dit s'il quitte le parti et siège en indépendant. Mais le parti devenu opposant a toujours le droit de participer à la nomination du chef de l'opposition).

- **Dans le cas contraire, c'est-à-dire que si le parti nomme un leader de l'opposition et que le seul député de ce parti démissionne dudit parti, le leader de l'opposition est-il déchu, car le parti n'a plus de députés au Parlement ?**

À cause des décisions et Avis de la HCC qui vide le mandat impératif, ce cas doit être étudié. D'abord, l'art.25 de la loi sur les partis évoquée ci-dessus édicte que lorsque l'élu quitte son parti d'origine, il ne peut que devenir indépendant pour pouvoir rester dans son siège.

À s'en tenir à l'avis de la HCC, il est possible de dire que le chef de l'opposition est déchu, car le parti qui l'a nommé est devenu extra-parlementaire du jour au lendemain. Ce cas démontre bien la limite de l'Avis de la HCC.

Politiquement, le pouvoir peut toujours intimer à tout député ayant un parti d'opposition de quitter celui-ci pour ne jamais avoir de chef de l'opposition en face.

Juridiquement, le député devenu indépendant ne peut plus être opposant, car il n'a plus de parti... Ici, c'est l'incohérence de la loi qui est révélée.

En tout cas, le camp de l'opposition doit se battre pour ne pas que le poste de chef de l'opposition soit vacant.

- **Que se passe-t-il si un député indépendant rejoint un parti qui n'a pas d'élu pour que le parti puisse nommer un chef de l'opposition (toujours, en prenant**

compte de l'avis de la HCC qui ne permet pas à un élu sans parti de participer à la nomination d'un chef de l'opposition) ?

C'est envisageable puisque la loi n'autorise que les partis pour se déclarer opposant. Il y a donc une anomalie de la loi à rectifier. Soit, seuls les partis peuvent présenter des candidats aux élections (présidentielles, législatives, sénatoriales, provinciales, etc.), soit la loi permet aux indépendants et même aux citoyens de se constituer en opposition.

D'après la loi, si un élu via un parti démissionne du parti, soit il est déchu de son mandat électif, soit il siège en indépendant. Le contraire n'est pas prévu. Mais dans l'absolu, rien ne l'empêche, mais cela ouvre aux abus et à la traîtrise à l'égard des électeurs qui voulaient voter pour un non affilié.

Fermons cette parenthèse qui admet les points de vue de la HCC. Poursuivons : qui est le vis-à-vis du chef de l'opposition ?

La question a été répondue plus haut, mais méritait d'être posée clairement : Art. 16 – Le Chef de l'opposition officielle […] a 4. le droit de réplique aux messages et autres interventions médiatisées du Président de la République ou du Chef du Gouvernement.

Mais comme il nous est possible de ne pas faire l'économie d'un développement, allons faire une étude comparative avec d'autres systèmes dans d'autres pays et voir la réalité malgache est intéressant.

Dans un système parlementaire, le chef de l'opposition s'oppose au premier ministre vu que dans ce système le président ou le souverain n'a aucun pouvoir.

Dans un système présidentiel, le chef de l'opposition est plutôt en face du président et non du premier ministre. D'ailleurs le système présidentiel ne comporte pas forcément de premier ministre (aux Etats-Unis par exemple, etc.). Si en France le système est en apparence semi-parlementaire, le président est prépondérant[108] surtout avec le raccourcissement du mandat du président à 5 ans.

Dans ce cas, le chef de l'opposition[109] peut ne pas être un élu puisqu'il peut être celui qui a perdu les élections présidentielles.

Dans le cas malgache, avec la Constitution de 2010, le régime n'est ni présidentiel, ni parlementaire, ni encore semi-présidentiel ou semi-parlementaire…[110].

> Le chef de l'opposition peut donc dans un premier cas, être celui qui a été battu aux élections, présidentielles par exemple. Forcément, il n'est pas un élu. Si aucun parti ou aucun élu à l'Assemblée nationale n'est opposant[111], des personnes extérieures à celles- ci peuvent l'être. D'ailleurs d'autres élus (conseiller municipal, régional, provincial, un maire, un chef de région, un chef de province, un sénateur), peuvent le devenir contrairement à l'avis de la HCC.

---

[108] Même dès l'adoption de la Constitution de 1958. Bibliographie abondante, lire par exemple CHANTEBOUT, Bernard, Droit constitutionnel et science politique, p.389 et s. « Restaurer la Présidence de la République », p.429 et s. « Exécutif monocéphale », éd. Armand Colin, Paris, 1999.

[109] Derechef, chef de l'opposition ici peut ne pas être relatif à une loi, mais une simple appellation.

[110] En effet, le président de la République est élu aux suffrages universels et le premier ministre est désigné par le président de la République, mais pas à sa discrétion. Le premier ministre est « présenté » par une majorité parlementaire (Art.54) et pourtant, quel que soit le premier ministre, c'est le président qui détermine la Politique générale de l'Etat (art.55 de la Constitution). Une polémique nationale a eu lieu à ce propos. Lire par exemple : Toavina RALAMBOMAHAY, « Le poste de premier ministre à Madagascar. Une singularité au prisme des crises », *Revue Afrique Contemporaine* N°251/2014-3 « Dossier Madagascar : anatomie d'un état de crise », 195p., P144-145 de la « Rubrique Repères ».

[111] La pratique politique malgache a voulu que tous les candidats battus à la présidentielle se rallient au vainqueur et que tous les membres de l'Assemblée nationale soient dans la majorité présidentielle.

Ici, le chef de l'opposition est donc en face et du président et du premier ministre. Et la loi le dit clairement (ex : art.16). Le chef de l'opposition siège à l'Assemblée nationale et en même temps réplique au président de la République. Et partant, l'argument du ministère de l'Intérieur qui veut que le chef de l'opposition n'existe qu'après la déclaration de la politique générale de l'Etat ne tient pas. Il devait exister le jour même de la première session de l'Assemblée nationale.

> Néanmoins, il y a deux arguments polémiques, mais qui ne remettent pas en cause le fait que le chef de l'opposition puisse s'adresser et au président de la République et au premier ministre. D'abord, comme en France, le président malgache est politiquement irresponsable devant les débats à l'Assemblée nationale alors que c'est lui qui détermine la Politique générale de l'Etat[112]. C'est le premier ministre qui défend le gouvernement à l'Assemblée nationale où est présent le chef de l'opposition. Ensuite, l'argument selon lequel, le chef de l'opposition peut répliquer au président, ce qui permet de dire que le chef de l'opposition est face au président. Tout compte fait, dans le système présidentiel où il y a un premier ministre, le chef de l'opposition est face et au président et au premier ministre[113].

---

[112] Art.55 de la Constitution de 2010. En général, dans un régime présidentiel, le président est élu sur un programme, il nomme un premier ministre si la Constitution en prévoit un et ce premier ministre détermine la PGE en fonction du programme développé lors de la campagne. Aucun hiatus n'est envisageable, le premier ministre étant nommé à la discrétion du président.
Voici alors un autre sujet polémique à propos de cette Constitution.

[113] Le problème français se pose en ces termes : « De manière répetée, la règle coutumière, corollaire de l'irresponsabilité, qui veut que le chef de l'État ne puisse être mis en cause dans le débat parlementaire, est malmenée depuis qu'il s'engage personnellement dans la politique gouvernementale, mais le problème de la responsabilité politique du président reste entier tant qu'il ne sera pas reconnu à l'opposition la possibilité de demander des comptes à celui qui est à l'origine de la

Dans le cas où aucun parti au Parlement ne s'autoproclame opposant et que les partis qui se déclarent comme tels ne sont pas au Parlement (mais se sont inscrits au ministère de l'Intérieur) et que donc la place du Chef de l'opposition est vacante au mépris de la loi sur l'opposition qui le prévoit dès le lendemain de la législative, où le citoyen, les opposants déclarés peuvent-ils se plaindre pour l'application de la loi sur l'opposition? Ce qui est le cas du moins entre le 25 janvier 2014, date de prestation de serment du vainqueur de la présidentielle de 2013 et à l'heure où nous mettons sous presse.

La loi reste muette et n'offre aucun recours aux opposants. Dans la réalité politique, les citoyens opposants sont trop peu nombreux pour se battre sur le terrain politique pour faire valoir leur droit.

Que se passe-t-il si le président de la République n'a pas la majorité à l'Assemblée nationale ?

En principe, ce cas de figure est très possible. Si le président n'a pas la majorité à l'Assemblée nationale alors le premier ministre ne sera pas de son bord. De prime abord, comme en France, le président devient alors politiquement le premier opposant, le premier ministre gouverne. Schéma qui a existé en France, pendant la cohabitation. Sauf qu'en France, il n'y a pas de loi sur l'opposition comme à Madagascar. Là-bas, l'opposition n'a pas à se déclarer au ministère de l'Intérieur et il n'y a pas de chef de l'opposition légale. Mais comme le chef de l'Etat peut dissoudre l'Assemblée nationale[114], une situation où le président est opposant peut ne pas durer.

---

politique gouvernementale. » (Marie-Claire PONTHOREAU idem). A Madagascar ce problème est résolu puisque le chef de l'opposition peut interpeller le président (qui détermine la PGE) lors de ses répliques.

[114] Art.60 de la Constitution de 2010.

A Madagascar, avec la Constitution de 2010, le cas est extrêmement compliqué. Une grande parenthèse doit être ouverte. Un exercice de droit comparé est utile.

Selon la Constitution de 2010 : Article 55.- Le Président de la République (6°) détermine et arrête, en Conseil des ministres, la politique générale de l'Etat. Ce qui veut dire que quel que soit le premier ministre (de l'opposition ou du parti présidentiel), il obéit au président !

Cet article à lui tout seul met fin à la conception de « Cohabitation » et à la conception de l'art 54[115] qui fait penser que ce sont les députés qui choisissent le premier ministre[116].

---

[115] Article 54.- Le Président de la République nomme le premier ministre, présenté par le parti ou le groupe de partis majoritaire à l'Assemblée nationale.

[116] Une grande polémique nationale a eu lieu entre d'une part, ceux qui prônent que le premier ministre doit émaner de l'Assemblée nationale et que le président ne peut qu'accepter le choix des députés (qui donne avantage à Andry RAJOELINA) et ceux qui donnent le pouvoir au président.

La HCC dirigée par Jean Michel RAJAONARIVONY en 2014 opte pour le pouvoir à l'Assemblée nationale et Jean Eric RAKOTOARISOA (analyste) dans l'émission Salangalanga explique il devrait y avoir un contrat écrit entre ceux qui proposent le Premier ministre. C'est-à-dire qu'il reconnaît le pouvoir des députés.

- Jean Eric RAKOTOARISOA, "Tokony hisy fifanarahana an-tsoratra.[...] (eo amin'ny samy député). À 37 min : « Izany hoe misy taratasy mazava miampita avy am AP makany am filoha ny Repoblika. Misy ny anarana sy ny députe ». Janvier 2014, https://www.youtube.com/watch?v=uN3B_ENZdrM
- De l'autre côté les partisans du président RAJAONARIMAMPIANINA expliquent que le pouvoir de nommer revient au président. L'analyste Sahondra RABENARIVO explique que « Présider c'est décider ». Et la HCC dirigée par Jean Eric RAKOTOARISOA à partir de 2014 va dans le même sens et accepte KOLO Roger puis Jean RAVELONARIVO, hommes du président au poste de premier ministre.
- Sahondra RABENARIVO :
  - « Vous concluez trop vite », l'Express de Madagascar du 21 février 2014 où elle répond à la Haute Cour Constitutionnelle de Jean

Il est clair ici que c'est le président qui « détermine » la politique générale de l'Etat quelle que soit l'origine du premier ministre !

Les Constitutions de 1992 (amendée en 1995 et 1998) sont plus logiques. Elles donnent au premier ministre le pouvoir de déterminer et conduire la politique de l'Etat[117]. La Constitution de la Vème République française est écrite de la même manière[118]. Ici est alors décelée une grande anomalie de la Constitution de 2010[119].

Michel Rajaonarivony. « Sans signature du Président dit-elle, pas de premiers ministres ».

- Présider, c'est décider. Si la Constitution de 2010, en son article 54, introduit le principe selon lequel la majorité parlementaire (soit elle est composée d'un seul parti ou d'un groupe de partis) « présente » le premier ministre, elle a préservé le pouvoir de nomination en faveur du Président de la République. Le Président nomme. Il décide. La décision finale lui revient. Lundi 10 février 2014, http://www.madagascar-tribune.com/Presider-c-est-decider,19633.html

[117] Le premier ministre préside le Conseil de gouvernement : en conseil de gouvernement : il fixe le programme de mise en œuvre de la politique générale de l'Etat [...]

[118] Titre III : Le gouvernement Article 20 Le Gouvernement détermine et conduit la politique de la Nation. Il dispose de l'Administration et de la force armée.

[119] Mais il faut tout de même remarquer que le Comité BALLADUR « a proposé de compléter l'article 5 consacré au président de la République par Il définit la politique de la nation et de modifier l'article 20 consacré au gouvernement en remplaçant Le Gouvernement détermine et conduit la politique de la nation par le Gouvernement conduit la politique de la nation. Mais le changement de la nature du régime vers une présidentialisation étant écarté et l'hypothèse d'une cohabitation n'étant pas exclue, le chef de l'Etat a renoncé à une modification de ces articles ».
http://www.vie-publique.fr/actualite/dossier/election-presidentielle-2012/president-republique-quels-pouvoirs-depuis-reforme-2008.html .
Lire :

- Comité (BALLADUR) de réflexion et de proposition sur la modernisation et le rééquilibrage des institutions de la Ve République, Une Ve République plus démocratique, 18p.

La Constitution étant ce qu'elle est[120], nous devons forcer le raisonnement et faire abstraction de cet article qui confie au président le soin de déterminer la politique de l'Etat. Sinon, nous devons admettre tout simplement que la cohabitation est impossible, que même si le premier

---

http://www.ladocumentationfrancaise.fr/var/storage/rapports-publics/074000697.pdf

- Comité VEDEL, Rapport au Président de la République Propositions pour une révision de la Constitution 15 février 1993 Comité consultatif pour une révision de la Constitution, présidé par le doyen Georges Vedel,
http://www.ladocumentationfrancaise.fr/var/storage/rapports-publics/084000091.pdf

120 - En 2010, les mouvances des présidents ZAFY et RATSIRAKA et celle de Marc RAVALOMANANA ne l'ont pas reconnu non plus jusqu'aux élections de 2013.

- La communauté internationale n'avait pas reconnu la Constitution de 2010 jusqu'à ce qu'elle ne change d'avis après les élections de 2013 qu'elle a organisées :
« L'Union européenne reste très préoccupée par la situation politique actuelle à Madagascar, marquée par la décision de la Haute Autorité de Transition de mettre en œuvre la feuille de route issue de l'Accord politique d'Ivato (13 août 2010) et de la Conférence nationale de septembre 2010, qui comprenait notamment l'organisation, le 17 novembre, d'un référendum constitutionnel.
En raison du manque de consensus et de transparence ayant présidé à l'adoption de ce schéma de sortie de crise, l'Union européenne n'a pas pu accepter une demande des autorités malgaches d'envoi d'une mission d'observation électorale de l'Union européenne à Madagascar lors de ce référendum constitutionnel et des élections communales prévues pour le 20 décembre 2010. » Union Européenne, Catherine ASHTON, Situation politique du 19 novembre 2010, déclaration de la Haute représentante/Brussels, (OR. fr), 16642/10 PRESSE 310 Declaration by the High Representative Catherine ASHTON, on behalf of the European Union, on the political situation in Madagascar.

- Nous avons discuté de la légitimité de ce referendum de 2010 : « La démocratie : L'enjeu du taux de participation à Madagascar », Communication faite à l'Académie nationale Malgache le 15 juillet 2010. Séance de la section des sciences morales et politiques. Publié au Bulletin de l'Académie nationale malgache, « La démocratie : l'enjeu du taux de participation », Tome LXXXIX/ 2, juillet –décembre 2010. 005-

ministre proposé par l'Assemblée nationale est contre le président, il doit obéir, et qu'ainsi, l'art.54 même est réputé inexistant...(le débat est ouvert).

Intéressons-nous plutôt à la loi qui est plus attrayante et peut-être même à conserver jusqu'à ce que les citoyens et ses politiques soient plus mûrs, mais en modifiant la Constitution.

Soit : à Madagascar, si le président veut être opposant officiel, même si politiquement, il l'est *de facto*, son parti doit se déclarer au ministère de l'Intérieur... et comme le poste de chef de l'opposition existe, il lui faut un occupant. Le président de la République ne pouvant pas être le chef de l'opposition légale avec rang de vice-président de l'Assemblée nationale, un représentant du parti qui a soutenu le président peut alors occuper le poste de chef de l'opposition. À cause de la loi, l'opposition a donc deux têtes.

Dans le cas où le président ou le parti qui l'a soutenu ne s'est pas déclaré opposant au ministère de l'Intérieur, une troisième entité qui se serait déclarée a le droit de nommer le chef de l'opposition. A cause de la loi, il y aurait donc un président de la République opposant de fait, mais non déclaré et une autre entité opposante ayant désigné un chef de l'opposition conformément à la loi... La loi ouvre alors une possibilité de troisième voie. Ce qui serait un schéma unique au monde à cause de cette loi et cette Constitution incongrues, mais pour ce qui concerne la loi, elle est un mal nécessaire. Seul le jeu politique peut corriger et donner un sens au texte. C'est-à-dire, que le parti du président s'oblige à se déclarer opposant pour empêcher une troisième entité (en principe un troisième parti) de se constituer opposant.

En cas de désaccord qui devient chef de l'opposition ?

La loi est ambiguë, mais comporte deux solutions.

Elle dit d'abord que le chef de l'opposition est « désigné d'un commun accord ». « Commun accord » veut dire unanimité ou 100%. À ce stade, il faut donc unanimité. Ce qui est difficile.

Mais la loi ajoute : s'il y a désaccord, « le chef du groupe politique d'opposition ayant obtenu le plus grand nombre de suffrages exprimés lors du vote est considéré comme Chef de l'opposition officiel ».

De quel vote s'agit-il ?

1- Du vote entre les inscrits au ministère de l'Intérieur. Ce qui est logique. Mais, il est possible qu'un candidat au poste de chef de l'opposition ait obtenu une majorité lors de ce vote alors que dans les élections réelles, il n'ait pas eu le plus grand nombre de voix chez les citoyens ou même n'a jamais été candidat ?
2- Du vote lors des dernières législatives. C'est-à-dire que : devient chef de l'opposition, celui qui s'est soumis aux suffrages universels lors des législatives et a eu le plus grand nombre de voix via son entité (parti, association) ? Ce qui est démocratique.
3- Ou lors de la dernière élection. Ce qui est le cas après 2013, car il y a eu les élections municipales et sénatoriales après les législatives or, il n'y a toujours pas de Chef de l'opposition. Raisonnement démocratique aussi.

En tous les cas, « le vote » le plus représentatif peut être pris en compte (présidentielles, législatives, municipales » en fonction du moment du vote. Mais en réalité, il doit être juste après les législatives.

> Par exemple : prétendent à être chef de l'opposition un candidat malheureux aux législatives avec voix, un candidat malheureux aux présidentielles avec 40.000 voix et un candidat malheureux aux municipales avec 75.000 voix. Celui qui a 75.000 voix devient chef de l'opposition.

Dans les deux derniers cas, la loi est peut-être lacunaire, car elle ne désigne pas l'organe qui fait le calcul. Mais pour ceux qui ont une aversion pour le juridisme, il peut être envisagé que c'est la Cour qui a proclamé les résultats des législatives qui sort ce candidat au vu de la liste des déclarés au ministère de l'Intérieur.

Dans le cas où aucun des déclarés au ministère de l'Intérieur n'a été candidat, l'opposition est condamnée à trouver un consensus.

Et voici la solution qui est dans la loi. Il s'agit de la déchéance du chef de l'opposition. Même s'il y a querelle entre opposants, n'importe quel chef peut d'abord être nommé. Ensuite, ce sont les députés d'opposition qui le jugeront après. Ils peuvent en tout temps le déchoir.

Où et devant quelle autorité, cette proclamation est faite ? »

Répondre : « devant le ministère de l'Intérieur », devant « la Haute Cour Constitutionnelle » serait faux, car la loi ne le dit pas expressément. D'aucuns seraient tentés de répondre : « il faut attendre le décret d'application ». Or cette affaire doit être interne à l'opposition et surtout pas soumise à une institution judiciaire et encore moins exécutive, celle-là même contre qui elle s'oppose.

La procédure veut juste que le chef de l'opposition intègre l'Assemblée nationale en tant que son vice-président lorsque les entités d'opposition ont signé leur acte de désignation. À l'Assemblée nationale de constater si les signatures sur l'acte correspondent bien à celles déposées au ministère de l'Intérieur. Dans le cas contraire, sur simple constatation du Parlement[121], et si à cet instant T, il y a désaccord, alors la loi (art.6.) s'applique.

[121] Normalement celui qui préside l'Assemblée nationale lors du premier jour de la session, c'est-à-dire le Doyen. Dans le cas où, il n'y a qu'un

L'opposition doit-elle être unie ?

Non. Les motifs pour être opposants ne sont pas forcément les mêmes. Les programmes de l'opposition non plus ne sont pas forcément les mêmes. Or, grande est la tentation de certains opposants malgaches de demander une unicité des raisons de s'opposer[122]. Idem pour le haut responsable du ministère de l'Intérieur qui va même jusqu'à demander à vérifier si effectivement le programme des opposants déclarés au ministère de l'Intérieur répond point par point au Programme Général de l'Etat, sinon, il est tenté de ne pas accepter la déclaration d'opposant de celui qui ne répond pas comme tel au PGE…

Dans la réalité politique, c'est cette velléité de s'unir qui compte pour beaucoup dans le blocage de la désignation du Chef de l'opposition officielle. Si l'on s'en tenait au texte, le leader de l'opposition est tout simplement celui qui a la signature des déclarés au ministère de l'Intérieur. Sinon, il y a litige et c'est la loi qui décide.

Par comparaison, en France, l'opposition actuelle est principalement composée du parti Républicain, du Front national (FN) (et du parti vert lorsqu'il n'était pas au gouvernement Valls). Or cette opposition est loin d'être unie, encore moins loin d'avoir un programme commun.

---

seul déclaré au ministère de l'Intérieur, celui-là devient d'office chef de l'opposition.

[122] Tel est l'esprit avoué du mouvement conduit par Lalatiana RAVOLOLOMANANA pour avoir initié un conclave des opposants le 21 et 22 juin 2014 en essayant de rédiger un papier commun à tous les opposants.

Malheureusement, la presse n'explique pas forcément le bien-fondé d'une opposition au contraire, elle se moque d'elle. Peut-être par manque d'information par rapport à la loi. Exemple : « Guerre ouverte », in Midi Madagasikara, 7 juin 2014. Ou la Revue de l'Océan Indien de juin 2014 : après avoir rappelé les droits, avantages du leader de l'opposition, ROI termine « Bref, tout ce que rêve un politicien ».

Si l'opposition n'est pas unie, à quoi bon un chef et au nom de qui il va parler ?

Effectivement, le chef de l'opposition dans cette loi indique implicitement que l'opposition est unie[123]. Or, nous l'avons vu, c'est pratiquement impossible même dans les pays démocratiques. Et c'est en effet un argument pour dénier à cette loi une quelconque utilité. Or une fois encore, cette loi est un mal nécessaire qui pallie à la vénalité des hommes politiques malgaches[124]. Sans cette loi, Madagascar, après les élections dites de « sortie de crise » de 2013 n'aurait aucune opposition ! Avec elle, une opposition peut se former avec un chef qui portera la parole de tous à l'Assemblée nationale et dans les médias.

À charge pour l'opposition de s'organiser pour convenir des discours de leur chef et à charge pour le chef de donner la parole aux opposants lors des différents événements. Tout ceci pour la bonne marche de la démocratie et dans la même veine pour la liberté d'expression.

Combien de temps le chef de l'opposition est-il chef de l'opposition ?

Il a un mandat qui « coïncide avec celui du président de l'Assemblée nationale »[125]. Et encore une fois, le fait de ne pas avoir un chef de l'opposition six mois après la première session est tout à fait illégal. Malheureusement, aucune sanction n'est prévue dans ce cas, sauf celle populaire.

---

[123] Il suppose un bipartisme.

[124] Au niveau des Etats francophones, la situation n'est pas meilleure à croire Emmanuel DELPHINE. «L'institutionnalisation de l'opposition dans les Etats d'Afrique francophone. Emmanuel DELPHINE. Nouvelles annales africaines.
http://196.1.97.20/viewer.php?c=articles&d=l_institutionnalisation_de_l_opposition_dans_les_etats_d_afrique_francophone

[125] Art.9.

Le chef de l'opposition survit-il à une dissolution de l'Assemblée nationale ?

Du point de vue légal, non car le chef de l'opposition étant membre à part entière de l'Assemblée nationale (ayant rang de vice-président). Du point de vue politique, il serait plus juste que le chef de l'opposition soit maintenu jusqu'à ce que la nouvelle Assemblée décide de le destituer.

Premièrement, la nomination du chef de l'opposition ne dépend absolument pas de l'Assemblée nationale, mais des partis d'opposition. Deuxièmement, le chef de l'opposition n'a pas pour seul rôle d'être un député, il doit porter la contradiction aux tenants du régime (président de la République, premier ministre). Les tenants du régime ne devraient pas avoir le loisir de ne pas être contredits ne serait-ce qu'en l'espace des 30 à 60 jours d'absence d'Assemblée nationale. Ce serait un dysfonctionnement de la démocratie. Troisièmement, le poste de Chef de l'opposition doit justement son existence à une faveur à l'endroit de l'opposition (moyen pour l'opposition d'avoir une tribune, un financement, une aura). Et c'est justement en période électorale que l'opposition a besoin de tribune pour égaler la puissance des tenants du pouvoir.

En politique ou droit comparé, à Maurice, « s'il y a lieu de procéder à une désignation alors que le Parlement est dissous, quiconque était membre de l'Assemblée immédiatement avant la dissolution, peut être nommé Chef de l'opposition » selon l'art.73 de la Constitution[126]. Donc à Maurice, le chef de l'opposition existe même après dissolution de l'Assemblée nationale.

[126] C'est un autre argument pour dire qu'il est loin d'être souhaitable que le poste de Chef de l'opposition soit vacant. (Provided that, where occasion arises for making an appointment while Parliament is dissolved, a person who was a member of the Assembly immediately before the dissolution maybe appointed Leader of the Opposition).

Le chef de l'opposition peut-il changer en cours de mandature ?

Oui. La loi permet de changer de chef de l'opposition au cours de la mandature.

- Premièrement, le chef de l'opposition « peut entrer au gouvernement » (Art.9), ou occuper un poste au sein de l'Exécutif ou retirer sa déclaration au ministère de l'Intérieur (ce qui est tout à fait de son droit[127]),
-
- deuxièmement, il peut être destitué lorsqu'il n'assume pas pleinement son rôle (Art.9), la charge de cette appréciation revient aux députés. Deux tiers des députés d'opposition peuvent destituer le chef de l'opposition.

En pratique, il n'est pas imaginable de vouloir une stabilité au sein de l'opposition. Il n'est pas condamnable non plus de voir une instabilité au sein de l'opposition. A Maurice, il arrive très souvent que le chef de l'opposition change pendant une même mandature.

> Par exemple, à l'heure actuelle, l'opposition n'a pas de parlementaire. Si demain, trois députés avec leur parti respectif[128] se déclarent opposants au ministère de l'Intérieur, l'un d'eux devient *de facto*, s'il le souhaite leader de l'opposition ou ils peuvent choisir un autre non élu pour le devenir. Si deux jours après, six autres députés avec leur parti se déclarent opposants au ministère de l'Intérieur, celui qui vient d'être désigné chef de l'opposition tombe au profit du choix des nouveaux arrivants. Si un mois après, 27 autres députés se lèvent

[127] Dû à un remaniement, à un changement de politique générale de l'Etat, etc. Il faut dire qu'il n'y a rien de malhonnête à cela.
[128] Donc avec l'entité qui l'a élu.

> comme étant opposants, eh bien, le troisième chef de l'opposition tombe à son tour, etc.[129].

Ailleurs, à Maurice par exemple, c'est exactement le cas. Le leader de l'opposition change très souvent alors que le chef de gouvernement reste le même.

Qu'en est-il des autres places politiques attribuées à l'opposition ?

La constitution (art.78) et la loi prévoient plusieurs postes pour l'opposition. Nul n'est besoin de les rappeler ici puisque tout est dans la loi.

Prenons juste les points importants ou actuels.

- L'opposition préside une commission. Encore une fois, l'inexistence du chef de l'opposition jusqu'à ce jour est illégale, car l'opposition devrait présider cette commission. Dans la pratique, il s'agit de la commission finance[130]. La loi n'est pas explicite à dire si ce poste est un deuxième poste attribué à l'opposition c'est-à-dire à un deuxième personnage non élu dans le cas où il n'y a vraiment aucun élu opposant.

> La vénalité politique supposerait que oui. Mais à bien réfléchir, ce n'est pas si condamnable que ça si l'on estime que l'opposition doit avoir le maximum de force

---

[129] Corrompre pour devenir chef de l'opposition est donc insensé pour celui qui n'a aucun député puisqu'il court la déchéance à tout moment… A croire Lalatiana RAVOLOLOMANANA lors du conclave qu'elle a organisé des personnes ont voulu faire de la corruption pour être choisi chef de l'opposition.

[130] En France, cela est devenu une résolution des chambres du Parlement. Ex : art.39 Résolution de l'Assemblée nationale. Lire aussi : PIMENTEL Carlos Miguel : « l'opposition peut se voir attribuer la présidence d'une commission parlementaire : c'est le cas, en Allemagne comme en Grande-Bretagne ». « L'opposition, ou le procès symbolique du pouvoir », Pouvoirs 1/2004 (n° 108), p. 45-61.
URL: www.cairn.info/revue-pouvoirs-2004-1-page-45.htm.
DOI: 10.3917/pouv.108.0045.

possible (mais moindre que la majorité bien évidemment) face à une majorité, notamment lorsqu'elle est écrasante.

- La loi prévoit que le chef de l'opposition a le droit de proposer la nomination de : deux membres au sein du Haut Conseil pour la Défense de la Démocratie et de l'Etat de Droit. Or la loi et le décret fixant les modalités d'organisation des élections des membres de ce Haut conseil ne prévoient pas ces deux postes[131] !

Les hommes nommés par le chef de l'opposition pour occuper les autres sièges destinés à l'opposition changent-ils si le chef de l'opposition change ?

En principe, les personnes nommées par le chef de l'opposition dans les institutions telles que la Ceni, le HCDDED et le Conseil National de la Justice ont un mandat donc survivent au chef de l'opposition. Or, les lois sur ces institutions sont contraires à celle de l'opposition, car elles ignorent le pouvoir du chef de l'opposition d'y nommer des membres[132].

---

[131] Il est vrai que dans le fond, si toutes les institutions jouent leur rôle, ce haut conseil qui n'existe nulle part au monde est bien inutile…
Voir : Loi n°2015-001 relative au Haut Conseil pour la Défense de la Démocratie et de l'Etat de Droit et Décret 2015-025 fixant les modalités d'organisation des élections des membres du Haut conseil pour la Défense de la Démocratie et de l'Etat de Droit

[132] Dans cette veine, il y a une jurisprudence très dangereuse. Après 2002, Marc RAVALOMANANA nouveau dirigeant de Madagascar après le président Ratsiraka a remplacé un tiers des sénateurs. S'il est vrai que le président de la République a le droit de nommer un tiers des sénateurs, il n'a pas le droit de les remplacer en cours de mandat. Ce qu'il a pourtant fait et à deux reprises. Il a nommé RAMBELOSON comme sénateur et peu de temps après l'a remplacé par Rajemison RAKOTOMAHARO !

Ceux nommés par le chef de l'opposition sont-ils-redevables envers ceux qui les ont nommés ou une fois nommés il ne représente ce qui les ont nommés ?

L'avis de la HCC réfute à l'organe nommé le droit de demander des comptes à celui qui le nomme[133]. Le débat est ouvert, mais pour l'opposition, le cas est particulier. Si la loi sur l'opposition était respectée donc le chef de l'opposition a droit de nommer des représentants de l'opposition dans la Ceni. Ces représentants devraient être très redevables envers l'opposition, car justement, ils y siègent pour garantir les droits de l'opposition. Ils doivent avoir le droit de dénoncer les pratiques des tenants du pouvoir. Et dans la loi sur la Ceni, les membres de la formation permanente de toute façon ne peuvent pas dénoncer les mauvaises pratiques en son sein[134].

Or, selon la loi sur la Ceni, l'opposition n'est plus dans la Ceni. Au plus ce sont les partis qui peuvent y siéger et seulement en formation non-permanente et durant les périodes de scrutin, mais ni en amont, ni en aval.

---

[133] « [...] il n'existe aucun lien de subordination ou de redevabilité des membres de la formation permanente de la CENI à l'endroit de ceux qui les ont désignés ou élus[...] », Décision n° 31-HCC/D3 du 16 octobre 2015 concernant la loi n°2015-020 relative à la structure nationale indépendante chargée de l'organisation et de la gestion des opérations électorales dénommée « Commission Electorale Nationale Indépendante ».
http://www.hcc.gov.mg/decisions/d3/decision-n-31-hccd3-du-16-octobre-2015-concernant-la-loi-n2015-020-relative-a-la-structure-nationale-independante-chargee-de-lorganisation-et-de-la-gestion-des-operations-elector/

[134] « Ary tsy hamboraka na oviana na oviana ny tsiambaratelo takian'ny asa sahaniko » (Trad.libre : devoir de réserve). In Loi sur la CENI.

Un cumul de fonctions du leader de l'opposition est-il possible ?

Non selon la Constitution[135] et confirmé par la loi n°2014-020 sur les Collectivités territoriales décentralisées[136]. Mais une exception devrait être faite pour le leader de l'opposition. Par exemple, un maire, ou un conseiller (municipal, régional, provincial), un chef de région ou province devrait pouvoir être accepté exceptionnellement comme leader de l'opposition en même temps étant compris qu'il jouit aussi donc du statut de député.

D'abord, les postes octroyés à l'opposition ont été créés pour permettre la démocratie en hissant l'avis des minoritaires, mais aussi, c'est un financement étatique direct de l'opposition. Oui, n'ayons pas peur des mots, ces postes sont une manière de financer l'opposition.

Ensuite, dans le cas où aucun député ne devient chef de l'opposition, un élu d'une collectivité territoriale décentralisée[137], qui s'est déclaré opposant doit pouvoir être un chef de l'opposition sans renoncer au mandat pour lequel il a été élu.

En résumé, la Constitution interdit le cumul des mandats donc aucun élu sauf s'il est député ne peut devenir Chef de l'opposition.

---

[135] Article 71.- Le mandat de député est incompatible avec l'exercice de tout autre mandat public électif et de tout emploi public, excepté l'enseignement. Or le chef de l'opposition est un membre de l'Assemblée nationale, qu'il ait été élu ou non. Du coup, un conseiller municipal ou un maire qui devient Chef de l'opposition donc parlementaire perd sa fonction primaire qui lui donne une légitimité. Ce qui est bien néfaste.

[136] Article 253 « Les mandats de conseiller et de chef de l'exécutif d'une collectivité territoriale décentralisée (commune, région, province) sont incompatibles avec les fonctions des membres des Institutions[1] de la République (Présidence, gouvernement, Assemblée nationale, Sénat, HCC)… ».

[137] Maire, chef de région ou de province ; conseiller communal, municipal, régional ou provincial.

En cumulant le poste de chef de l'opposition avec un autre mandat électif, cumule-t-il aussi les indemnités et autres avantages ?

Premier principe : la création de postes pour l'opposition est un moyen de financement du parti. Deuxième principe : la loi ne doit pas satisfaire des avidités individuelles. Il est alors possible d'envisager – ce que cette nouvelle loi ne fait pas- que le cumulard ne bénéficie que du traitement le plus élevé du rang qu'il occupe. Un conseiller municipal et chef de l'opposition à la fois donc ne percevra plus que ses indemnités de chef de l'opposition.

Un décret d'application est-il utile ?

Non. Nous avons vu le cas où aucun élu n'est opposant. Encore plus clair est le cas où un élu avait été opposant :

> 1er cas : si au sein des opposants déclarés, il fait l'unanimité, il serait devenu le chef de l'opposition le jour même de la première session de l'Assemblée sans attendre un quelconque décret d'application. Il se serait conformé à cette loi et au règlement intérieur de l'Assemblée qu'il aura lui-même élaboré avec ses pairs. Ce serait comme un droit autonome, un droit parlementaire.
>
> 2ème cas : s'il n'avait pas fait la majorité, car il y a pluralité des entités opposantes déclarées, la loi aurait désigné celui qui a eu le plus de voix aux élections sans autre forme de décret… Il se serait conformé à cette loi et au règlement intérieur de l'Assemblée qu'il aura lui-même élaboré avec ses pairs.

Et pourtant, presque tous réclament ce décret[138], parce qu'il leur apparaît naturel qu'une loi soit accompagnée d'un

---

[138]Exemples :

décret… Or comme il a été dit, la date de sortie ainsi que le contenu de ce décret sont à la discrétion de l'Exécutif, ce qui fait qu'il peut retarder au maximum l'existence d'une opposition légale, et ce au bénéfice de ceux au pouvoir qui se voient gouverner sans contradiction officielle.

Et dans l'absolu, ce n'est pas un décret qui va faire qu'un parti se déclare officiellement opposant ou non…

L'opposition a-t-elle des droits spécifiques au sénat ?

Oui. Selon la Constitution en son article 85 : Les dispositions des articles 71 à 79 sont applicables, par analogie, au Sénat. Elle a aussi alors droit à un siège de vice-président du sénat et à présider une commission. Il faut ainsi comprendre que :

- Que le sénateur de l'opposition doit être un sénateur. À l'Assemblée nationale par contre, le chef de l'opposition qui devient député et même vice-président de l'Assemblée nationale peut ne pas être un député,
- le parti du sénateur d'opposition s'est déclaré comme tel au ministère de l'Intérieur
- qu'il est possible que le parti du sénateur d'opposition n'ait pas de député à l'Assemblée nationale

---

- Des observateurs comme le SEFAFI demandent ce décret, « Les attentes déçues de la IV° République », communiqué du 18 juillet 2014, Antananarivo.
- Le groupement de 22 partis d'opposition (Communiqué du 12 juillet 2014 distribué à l'hôtel Colbert).
- Camille Vital. « la loi sur le statut de l'opposition n'a pas reçu de décret d'application donc nous ne pouvions pas nous déclarer officiellement opposant ». Or, les députés de son partis ont longtemps formé la majorité présidentielle censée installée un gouvernement qui pouvait sortir ce décret important à ses yeux. Idem pour le groupe parlementaire VP-MMM qui a même (eu) des membres au sein du/des gouvernements, mais qui n'ont pas sortis ce décret tant indispensable. Interview de Camille Vital dans la Revue de l'Océan indien, juin 2016.

- qu'il est possible que le sénateur d'opposition et le leader de l'opposition ne soient pas du même parti… mais qu'en tous les cas leurs parts respectives se sont déclarés opposant au ministère de l'Intérieur
- que le leader de l'opposition est toujours celui qui est à l'Assemblée nationale et non au sénat.

Sinon, à quoi aussi cette loi peut-elle servir ?

Cette loi peut très bien servir la bipolarisation. Du point de vue classique, la bipolarisation se ramène au point de vue français qui a érigé le clivage Gauche/Droite[139]. Cette loi peut déjà aider à identifier si le parti au pouvoir est de gauche ou de droite et ainsi de suite. Mais la réalité politique malgache depuis le régime socialiste ne connaît plus ce clivage.

A la limite, cette loi peut tout aussi bien aider à identifier l'opposition des tenants du pouvoir, ce qui est aussi un clivage. Entre 2014 et 2016, il y a confusion. Tous les partis présents au Parlement sont ou soutiennent le pouvoir, et il n'y a pas d'opposition formelle. Or, il est très probable qu'à la veille des élections de 2018, des partis membres du gouvernement oseront affirmer qu'ils étaient opposés à ce régime et n'y ont participé qu'à travers un ou deux ministres dans le gouvernement. Ils se poseront –toute honte bue et devant des électeurs béotiens- comme une alternative.

Par exemple, en 2018, Marc RAVALOMANANA dira qu'il était opposant à Hery RAJAONARIMAMPIANINA alors qu'il avait un à deux ministres dans les gouvernements RAJAONARIMAMPIANINA ! Idem pour Andry RAJOELINA, mais dans une moindre mesure, car toutes ses ouailles l'ont quitté…

Pour en revenir à la loi combinée à l'article de la Constitution qui menace le député de destitution en cas de

[139] Cf. « Tableau des idées politiques », éditions jeunes Malgaches, 2008.

changement de couleur politique en plein mandat et les articles qui vont dans le même sens dans la loi sur les partis politiques, plus l'interdiction pour un citoyen de s'affilier dans deux partis différents, le clivage politique peut très bien être enfin créé. Malheureusement, il se fait par le droit et non par la propre conscience des citoyens et hommes politiques malgaches.

Par ailleurs, si la Constitution et les lois peuvent aider à la bipolarisation, la loi sur la Ceni validée par la HCC ralentit la bipolarisation. En effet, comme dit plus haut, l'opposition a droit à des représentants au sein de la CENI. Ce qui sous-entend que le reste des membres de la Ceni, s'ils ne sont pas pro pouvoir (d'ailleurs nommés par le président, le sénat, l'Assemblée nationale, la HCC, etc. c'est-à-dire par la majorité), ils ne sont pas de l'opposition.

Donc lors des élections, les opposants ont leurs yeux dans l'organe qui s'en charge. Logiquement, en face, ils sont pro pouvoir. Or la loi sur l'opposition et celle sur la CENI sont contradictoires comme expliqué ci-dessus. La loi sur la CENI autorise tous les partis concourant aux élections à avoir un représentant à titre de membre de la formation non-permanente de la Ceni[140]. C'est-à-dire que le clivage n'est plus net.

Or il aurait été très intéressant de connaître la voix de l'opposition qui prend part à l'organisation des élections. D'ailleurs, ici, cette formation non permanente n'existe que le temps du scrutin alors que dans la loi sur l'opposition, elle participe à l'organisation des élections du début jusqu'à la fin.

---

[140] Article 14 – La formation non permanente est composée du représentant de chaque comité de soutien par option en cas de référendum ou celui de chaque parti politique légalement constitué présentant un candidat ou une liste de candidats pour les autres catégories d'élection. LOI n° 2015 – 020 relative à la structure nationale indépendante chargée de l'organisation et de la gestion des opérations électorales dénommée « Commission électorale nationale indépendante »

Et si cette loi n'existait pas ?

Comme expliqué, c'est un mal nécessaire. En tous les cas, Madagascar a connu 4 crises en 56 ans d'indépendance. L'opposition s'est formée dans la rue. Et le risque de « coup d'Etat » revient encore en ce moment[141]. Cette loi peut essayer de canaliser les mécontents. Aujourd'hui, mal compris, le scénario de l'absence d'alternative peut revenir faute de jeu politique clair pour ceux qui se disent opposants, mais qui sont dans le gouvernement et les bureaux permanents des assemblées et cette interdiction des opposants extra-parlementaires de prime abord très minoritaires, mais avec des foyers de tensions quasi-permanents d'avoir droit à la parole dans un cadre plus important par exemple le Parlement.

---

[141] Par exemple :

- Le Secrétaire général des Nations Unies, Ban Ki MOON l'évoque même si c'est à la suite d'une question : « L'Organisation des Nations unies ne tolérera jamais tout changement de gouvernement de manière illégale. Je sais que l'Union africaine ne l'acceptera pas également » « personnellement Je suis surpris et choqué d'apprendre qu'une idée de coup d'état surgisse en ce moment (à Madagascar) ». Conférence de presse conjointe avec le Président Hery RAJAONARIMAMPIANINA au palais d'Iavoloha le 11 mai 2016.
- Du 18 au 20 mai 2016, les bâtiments de la télévision et de la radio nationales étaient sous haute surveillance. La presse de cette période en a fait écho (http://www.newsmada.com/2016/05/19/rumeurs-de-coup-detat-la-tvm-et-la-rnm-sous-haute-surveillance/ http://www.midi-madagasikara.mg/politique/2016/04/29/rumeurs-de-coup-detat-la-tvm-et-la-rnm-sous-haute-securite/ http://www.lexpressmada.com/blog/actualites/menace-de-coup-detat-les-forces-de-lordre-sur-le-qui-vive-62789/)
- « Un coup d'Etat ne doit plus être perpétré au pays et la population malgache ne doit plus vivre la crise comme les années précédentes. Madagascar a besoin de stabilité et les dirigeants doivent avoir la légitimité et la légalité afin de pouvoir atteindre les objectifs », selon la représentante de l'UA à Madagascar, Ahmed Youssouf HAWA le samedi 21 mai 2016.

La société civile, dont la presse, la communauté internationale, etc. ont-elles un rôle à expliquer cette loi ?

Si nul n'est censé ignoré la loi, personne n'est obligé d'expliquer cette loi. Néanmoins, lors des périodes dites « socialistes » ou à « dictature » dans les pays non-occidentaux (dont Madagascar), la société civile dont la presse, la communauté internationale occidentale bataillaient fort pour le respect des droits de l'opposition[142].

Curieusement, en cette année 2014, ces entités-là ignorent, se moquent ou fustigent les droits de l'opposition[143] et l'opposition elle-même[144], cette opposition étant très faible et marginale[145].

---

[142] Pour ne citer que le discours de la Baule en 1990 du président socialiste français François MITTERRAND.

[143] Par exemple :

- La communauté internationale assure au gouvernement sans opposant, des financements à entendre l'ambassadeur de France. La communauté internationale fait déjà tout pour Madagascar et ses dirigeants, mais cet effort sera vain si les dirigeants ne sont pas sincères dans leur conviction. L'aide précède donc la démocratisation au contraire du principe de la Baule. Tiré du discours du 14 juillet 2014 à Antananarivo : « la France parmi eux au premier chef, se tiennent, aujourd'hui comme hier, résolument aux côtés du Président RAJAONARIMAMPIANINA, aux côtés du premier ministre, aux côtés du Gouvernement et aux côtés du peuple malgache tout entier. [...] Mais nos efforts et les vôtres seront vains, si ce qui est accompli en termes de modernisation économique ne s'accompagne pas d'une authentique révolution des mentalités et des pratiques.
- La société civile qui n'a peut-être pas un rôle d'opposition ou de contre-pouvoir est peu diserte sur la loi sur l'opposition, pire elle se met en observateur comme si elle était spectatrice, irresponsable, non concernée et moralisatrice (par exemple le Syndicat des Industries de Madagascar (SIM) dans son magazine fustige les tenants du pouvoir et l'opposition : « comme les politiciens n'en sont pas à une turpitude, ceux qui se déclarent de l'opposition ne sont pas en reste ». in livraison N°27-Mai-juin 2014 ; ou encore le Sefafi « ni à la remorque du pouvoir ni à la solde de l'opposition. Ancré dans la société civile, le SeFaFi a pour seule ambition de tenir un rôle citoyen » in Les attentes déçues de la IV° République, communiqué du 18 juillet 2014, Antananarivo.

Conclusion

En résumé, dans le cas où un élu s'était proclamé opposant, tout cet article aurait été inutile... tout comme ce décret d'application. Mais la vénalité des hommes politiques au pouvoir comme dans l'opposition, la faiblesse de l'opposition due notamment au manque de citoyens déclarés opposants[146] nous a amenés à cette longue analyse.

Si en principe, dans un pays où la politique partisane et le clivage politique existent naturellement, une loi consacrée au statut de l'opposition est inutile, et même si les droits consacrés à l'opposition se soient bien accrus dans un pays démocratique comme la France grâce à des dispositions légales - ce qui est normal -, ce « statut de l'opposition » qui accroît aussi les droits de l'opposition à Madagascar reste « un mal nécessaire », car il est d'abord un moyen d'identifier l'opposition même... alors qu'elle devrait s'identifier tout à fait naturellement par la différenciation

---

- Malgré des foyers de tensions ici ou là (chez les journalistes qui ont réclamé la libération de leurs confrères jetés en prison suite à une plainte de trois membres de gouvernement ; des émeutes estudiantines à Mahajanga ; des protestations des marchands à Antananarivo un peu avant la date du 26 juin 2014, fête de l'indépendance ; des manifestations et contestations des employés de sociétés d'Etat comme Air Madagascar ou la Jirama; etc.), le simple citoyen ne fait montre d'aucune opposition du moins dans le sens « alternative politique », etc.

[144] Le syndicat des industriels malgache (SIM) : « Comme les politiciens n'en sont pas à une turpitude, ceux qui se déclarent de l'opposition ne sont pas en reste », in le magazine du SIM, Expansion, Madagascar, N°27 mai-juin 2014.

[145] Sur le débat de savoir si l'opposition en cette année 2014 mérite de l'être, lire : « Aoka izay mihevitra ny mpanohitra ho tsy mendrika no hanohitra » (trad. libre « que ceux qui trouve que l'opposition actuelle n'a aucun mérite deviennent eux-mêmes opposants », in Taratra du 11 septembre 2014.

[146] IMASINDIA intitule son éditorial « opposition de pacotille ». En fait une opposition ou un pouvoir est faible juste grâce ou à cause des citoyens. Il n'est pas raisonnable de condamner une opposition faible, qui par définition est déjà composée de perdants.

des idées politiques qui se prônent et par le résultat des urnes. Très contradictoire aussi dans « notre jugement d'inutilité », nous admettons que cette loi permet, il est vrai, une différenciation claire entre la majorité présidentielle ou parlementaire (…) et l'opposition juste grâce à ce système de déclaration…

À l'une des questions fondamentales posées, dans cette étude qui est : « le poste de chef de l'opposition peut-il être vacant », la réponse est « non ».

Du reste, le mouvement français qui accroît les droits de l'opposition va tout à fait vers le chemin de la démocratie et gageons que c'était aussi l'esprit du législateur. Mais le fait de l'identifier n'est pas forcément utile. Bien avant la loi constitutionnelle de 2008, point n'était besoin d'identifier cette opposition, alors qu'elle avait des droits comme la séance de questions-réponses, les commissions d'enquête, etc.

Dans le cas de Madagascar, le fait qu'une opposition légale n'est pas reconnue par les tenants du pouvoir par des Avis ou par le fait de ne pas rendre la liste des opposants publique est une entorse grave à la loi. Cette loi a pour esprit de donner des droits à l'opposition quitte à l'aider (du point de vue de la visibilité, du financement, etc.). Le fait de ne pas l'avoir appliquée depuis le « retour à l'ordre constitutionnel » de 2014 peut être légitimement interprété comme étant une volonté pour les tenants du pouvoir de ne pas tolérer les opposants, de ne pas leur donner un accès aux médias publics selon les lois en vigueur, etc[147].

Par rapport à cette loi qui doit déjà être appliquée, quatre reproches peuvent lui être fait :

- l'impossibilité pour un citoyen seul ou d'une association de se déclarer opposant,

[147] Un groupement d'opposants (Le GPPO) a déposé une demande d'accès aux médias nationaux. Il n'y a pas eu de suite.

- le fait de ne pas évoquer la possibilité d'un cumul de fonctions au niveau du chef de l'opposition et des postes électifs,
- le fait de l'ambiguïté de dire que le chef de l'opposition est désigné « d'accord commun (...) » pour conclure ensuite que « celui qui a eu le plus de suffrages lors du vote devient opposant » au lieu de dire « celui qui a eu le plus de suffrages aux dernières élections organisées par l'Etat » et
- l'absence de voie de recours notamment lorsque des partis d'opposition n'ont vraiment pas d'élus et que cette loi n'est pas appliquée.

Mais en dépit des ses lacunes, cette loi peut très bien être appliquée et améliorée au fil du temps. D'une chose, Rome ne s'est pas fait en un jour et d'une deuxième chose, un Avis peut toujours changer.

Bref, dans un pays qui se dit démocratique, une opposition, aussi faible qu'elle soit est indispensable. « L'opposition, disait BARROT, est le condiment de la liberté. L'opposition, répondait GUIZOT, est la garantie de la Constitution ». Et Proudhon ajoutait « l'opposition est le premier de nos droits, le plus sain de nos devoirs »[148].

[148] Proudhon, Solution du Problème Social, œuvres, 1868.

Bibliographie

Ouvrages de référence, rapports, essais

BADIE Bertrand, *L'Etat importé*, Paris, Fayard, 334p. 1992.

Bulletin de l'Académie nationale malgache, Tome LXXXIX/ 2, juillet –décembre 2010. 005

CHAGNOLLAUD Dominique, QUERMONNE Jean-Louis, La Vème République. Tome 3, Le pouvoir législatif et le système de partis. Flammarion, 259 p. 2000.

CHANTEBOUT, Bernard, Droit Constitutionnel et science politique, éd. Armand Colin, 640p, Paris, 1999.

Comité BALLADUR, Comité de réflexion et de proposition sur la modernisation et le rééquilibrage des institutions de la Ve République, Une Ve République plus démocratique, 18p.http://www.ladocumentationfrancaise.fr/var/storage/rapports-publics/074000697.pdf

Comité VEDEL, Rapport au Président de la République Propositions pour une révision de la Constitution 15 février 1993 Comité consultatif pour une révision de la Constitution, présidé par le doyen Georges Vedel,

DÉLÉRIS Ferdinand, Madagascar 1991-94 dans l'œil du cyclone cahier N°1, L'harmattan. Textes coordonnées par, 1994, Paris, 156p.

DEYSINE, Anne, *La justice aux Etats-Unis*. Que sais-je ? Puf, 1998, p 67 et ss, 126p.

DUBOIS Robert, *« L'identité malgache, la tradition des ancêtres »*, Karthala, 2002 P.79 et s.

Friedrich-Ebert-Stiftung, YLTP & KMF/CNOE, PROJET DE CONSTITUTION, présenté au référendum du 17 novembre 2010 ANNOTE. Antananarivo, octobre 2010.

LAVRARD-MEYER Cécile, « Didier RATSIRAKA, transition démocratique et pauvreté à Madagascar. Entretiens avec un président de la République de Madagascar », Karthala, Paris 2015, 613p.
Lexique des termes juridiques, 12ème édition, Dalloz, 1999, 560p.
PROUDHON, Solution du Problème Social, œuvres, 1868, 315p.
RALAMBOMAHAY Toavina,
- Comparatif Madagascar-Maurice. Contribution au développement de Madagascar, L'Harmattan, 250p. 2013, Paris.
- Madagascar dans une crise interminable, L'Harmattan, 138p. janvier 2011, Paris.
RANDRIANJA, Solofo (ss.dir.), COLL, Madagascar, Le coup d'Etat de mars 2009, Karthala, Paris, Janv.2012, 350p.
Revue française de droit constitutionnel,
- 2009/1, n°77, 224p. Presses Universitaires de France.
- 2015/2, n°102, 252p. Presses Universitaires de France.
Revue MCI, N°62, 2ème trimestre 2013, p.59-64, 112 p.
Revue Omaly sy Anio, N°33-36. 1991-1992.
Revue des Mascareignes. n°4 - 2002 - Les années soixante dans le sud-ouest de l'Océan Indien.p.17-30. file:///C:/Users/mac/Downloads/revue_mascareigne_04-part2.pdf
Revue internationale et stratégique 4/2005 (N°60).
Revue Internationale De Politique Comparée 2011/2 (Vol. 18)
Revue Afrique Contemporaine N°251/2014-3 « Dossier Madagascar : Anatomie D'un État De Crise », 195p.
Revue Pouvoirs, revue française d'études constitutionnelles et politiques,
- N°106, Les oppositions, - janvier 2004 - p.23-44.
- N°108 http://www.revue-pouvoirs.fr/Le-chef-de-l-opposition.html
- n°133, 133 - URL : http://www.revue-pouvoirs.fr/L-opposition-parlementaire-un.html

- n°146, 146 - URL : http://www.revue-pouvoirs.fr/Le-renouveau-de-l-opposition.html
Madagascar Fenêtre. CITE. Vol.2. p.123-133.157p.
MILL John Stuart, De la liberté, trad. fr. Dupond White revue par Laurence LENGLER, Paris, Gallimard, « Folio », 1990.
ROSENBERG. O, THIERS. E, (ss.dir), « L'opposition parlementaire », La documentation française, Paris 2013, 215p. http://www.ladocumentationfrancaise.fr/var/storage/rapports-publics/084000091.pdf
RIDARD, Basile « L'opposition parlementaire en France et au Royaume Uni » mémoire de DEA, Paris I Panthéon Sorbonne, droit comparé européen, 120.p, 2008/2009. http://www.univ-paris1.fr/fileadmin/diplome_M2RDPCE/Fichiers_PDF/M%C3%A9moires/M%C3%A9moire_Basile_Ridard.pdf
NGOM Benoît, *Les droits de l'homme et l'Afrique*, Silex éditions, 1984.
URFER Sylvain, « La crise et le rebond » questions actuelles, 206p. 2010.
VETTOVAGLIA J-P. et alii (dir.), Démocratie et élections dans l'espace francophone, Bruxelles, Bruylant, 938p.
Articles scientifiques ou de fond
BADET Gilles, « Le statut de l'opposition », communication lors du « Projet de renforcement des capacités des partis politiques et de l'Assemblée nationale Conférence sur « le fonctionnement des partis politiques au Bénin et le dialogue inter-partis » Cotonou, les 22 et 23 octobre 2013. http://a-dtap.awepa.org/wp-content/uploads/2013/10/Communication-Gilles-Badet_Statut-de-lopposition-au-Benin.pdf
MBODJ El Hadj,
- Les garanties et éventuels statuts de l'opposition en Afrique, http://www.elhadjmbodj.com/index.php?2005/11/24/20-les-garanties-et-eventuels-statuts-de-l-opposition-en-afrique

OTAYEK, Identité et démocratie dans un monde global, Paris, Presses de Science Po., 2000

RALAMBOMAHAY Toavina, « Tableau des idées politiques », éditions jeunes Malgaches, 2008.

RIDARD, Basile « La définition juridique de l'opposition Parlementaire en France et au Royaume-Uni », VIIIe Congrès français de droit constitutionnel –Nancy, 16-18 juin 2011, Atelier « Aspects institutionnels nationaux », 25p. http://www.droitconstitutionnel.org/congresNancy/comN6/ridardT6.pdf

SARTORI G., "Opposition and Control Problems and Prospects", Government and Opposition, vol.1, n°1, 1966, pp.149-154

Discours, communiqués

ASHTON Catherine, Union Européenne, Situation politique du 19 novembre 2010, déclaration de la Haute représentante/ Declaration by the High Representative, on behalf of the European Union, on the political situation in Madagascar. Brussels, 19 November 2010, (OR. fr), 16642/10, PRESSE 310.

Ban Ki Moon, Conférence de presse conjointe avec le Président Hery Rajaonarimampianina au palais d'Iavoloha le 11 mai 2016.

Charte de l'opposition, conclave des opposants du 21 et 22 juin 2014

Communiqué de 22 partis d'opposants du 12 juillet 2014 distribué à l'hôtel Colbert.

GOLDBLATT François, 14 juillet 2014, Résidence de France, Antananarivo

HAWA Ahmed Youssouf représentante de l'UA à Madagascar, 21 mai 2016.

MITTERRAND François, La Baule, le 20 juin 1990, Allocution prononcée par le président de la République à l'occasion de la séance solennelle d'ouverture de la 16ème conférence des chefs d'Etat de France et d'Afrique

SEFAFI,

- Les attentes déçues de la IV° République, communiqué du 18 Juillet 2014, Antananarivo
- Présidentielles de 2013 : bilan du 1er tour, Antananarivo, 4 novembre 2013.

Constitutions, lois, décrets, Résolutions :

Charte africaine de la Démocratie, des élections et de la Gouvernance de 2007

Constitution française de 1958 Texte incluant les modifications depuis 1958, 4 octobre 1958.

Constitution de la République de Madagascar (j.o. N° 3104 du 3 mai 2007, pages 2897-2923)

Constitution du 18 septembre 1992 de la République de Madagascar

Constitution malgache 2010

Constitution mauricienne 1968.

Décret 2015-025 fixant les modalités d'organisation des élections des membres du Haut conseil du pour la Défense de la Démocratie et de l'Etat de Droit

Haute Cour Constitutionnelle malgache,

- Avis n°04-HCC/AV du 17 septembre 2014 relatif à une demande d'avis sur le cadre institutionnel d'exercice du statut de l'opposition 19 septembre 2014
- Avis n°01-HCC/AV du 29 avril 2015 sur la constitutionnalité de la création d'un groupe parlementaire dont les membres sont issus d'un autre groupe parlementaire portant la même dénomination, mais différenciée seulement par un numéro d'ordre
- Décision n° 31-HCC/D3 du 16 octobre 2015 concernant la loi n°2015-020 relative à la structure nationale indépendante chargée de l'organisation et de la gestion des

opérations électorales dénommée « Commission Electorale Nationale Indépendante ». http://www.hcc.gov.mg/decisions/d3/decision-n-31-hccd3-du-16-octobre-2015-concernant-la-loi-n2015-020-relative-a-la-structure-nationale-independante-chargee-de-lorganisation-et-de-la-gestion-des-operations-elector/

Loi (projet) relative aux ressources des Collectivités territoriales décentralisées, aux modalités d'élections, ainsi qu'à l'organisation, au fonctionnement et aux attributions de leurs organes, août 2013.

Loi béninoise N°2001-36 du 14 octobre 2002 portant statut de l'opposition

Loi congolaise n° 00-47 AN RM portant statut des partis politiques de l'Opposition

Loi malgache n° 2011- 012 relative aux partis politiques

Loi malgache n°2011-013 portant statut de l'opposition et des partis d'opposition

Loi n° 2015 – 020 relative à la structure nationale indépendante chargée de l'organisation et de la gestion des opérations électorales dénommée« Commission Electorale Nationale Indépendante ».

Loi n°2015-001 relative au Haut Conseil pour la Défense de la Démocratie et de l'Etat de Droit

Loi organique malgache N°2012-016 relative aux premières élections législatives de la quatrième République

Recueil des obligations déontologiques des magistrats 2010. Conseil supérieur de la Magistrature. Dalloz, p.67.

Règlement de l'Assemblée nationale française

Résolution de l'Assemblée nationale française, art.39.

Statut-type de l'opposition au parlement, séminaire parlementaire sur les relations entre partis majoritaires et minoritaires dans les parlements africains à Libreville (Gabon), 17 - 19 mai 1999. http://www.ipu.org/splz-f/gabon.htm

Articles, interview, déclaration de/à la presse

EMMANUEL Lova, L'Express de Madagascar, « Deux clans se disputent le chef de l'opposition », 7 juin 2014.

EXPANSION MADAGASCAR, éditorial du N°27-Mai-juin 2014

Hindu (The), New House cannot have Opposition leader, May 22, 2014,http://www.thehindu.com/news/national/new-house-cannot-have-opposition-leader/article6034355.ece

IMASINDIA, « Une opposition de pacotille ! », Courrier de Madagascar, Mardi 06 Mai 2014, http://www.newsmada.com/index.php/editorial/40365-une-opposition-de-pacotille-#.U2i54fkem01

KOLO Roger in Revue de l'océan Indien, mai 2014

Madagascar Tribune, Le régime contre-attaque, 16 juillet, http://www.madagascar-tribune.com/Le-regime-contre-attaque,22284.html

Midi Madagasikara, « Le régime actuel a atteint ses limites », 21 juillet 2016. http://www.midi-madagasikara.mg/politique/2016/07/21/mitsangana-ry-malagasy-regime-actuel-a-atteint-limites/

R.ND, « Aoka izay mihevitra ny mpanohitra ho tsy mendrika no hanohitra », Taratra du 11 septembre 2014.

RABENARIVO Sahondra,

- « Présider, c'est décider ». Lundi 10 février 2014, http://www.madagascar-tribune.com/Presider-c-est-decider,19633.html
- « Vous concluez trop vite », l'Express de Madagascar du 21 février 2014.

RAKOTOARISOA Indriamanga Miadantsata, 6 mars 2016, TV+, émission Don-Dresaka

RAKOTOARISOA Jean Eric, Janvier 2014, https://www.youtube.com/watch?v=uN3B_ENZdrM

RAKOTOSON Harotsilavo, « L'opposition devrait être une organisation », L'express de Madagascar du 10 juin 2014,

http://www.lexpressmada.com/?s=harotsilavo&submit=TROUVER
RANAIVOSON Garry, Chef de l'opposition. Prérogative de l'opposition parlementaire, L'Express de Madagascar, 2 octobre 2014
Revue de l'Océan indien, juin 2016.
SANDRA R, « les personnes priment souvent sur les idées », in La vérité du 21 octobre 2013.
VÉRITÉ (La), « L'opposition doit être parlementaire », 7 juin 2014.

Webographie

No leader of oppn? There wasn't any in Nehru, Indira, Rajiv days", May 23, 2014, http://www.rediff.com/news/column/ls-election-no-leader-of-oppn-there-wasnt-any-in-nehru-indira-rajiv-days/20140523.htm
DELPHINE Emmanuel, « L'institutionnalisation de l'opposition dans les Etats d'Afrique francophone », Nouvelles annales africaines, bibliothèque centrale de l'université Cheik Anta Diop de Dakar. http://196.1.97.20/viewer.php?c=articles&d=l_institutionnalisation_de_l_opposition_dans_les_etats_d_afrique_francophone
http://m.govmu.org/English/News/pages/NewsDetails.aspx?ItemId=1849
http://www.lexpressmada.com/blog/actualites/menace-de-coup-detat-les-forces-de-lordre-sur-le-qui-vive-62789/
http://www.midi-madagasikara.mg/politique/2016/04/29/rumeurs-de-coup-detat-la-tvm-et-la-rnm-sous-haute-securite/
http://www.newsmada.com/2016/05/19/rumeurs-de-coup-detat-la-tvm-et-la-rnm-sous-haute-surveillance/

http://www.oboulo.com/droit-public-et-international/droit-constitutionnel/fiche/statut-opposition-grande-bretagne-42460.html
http://www.rediff.com/news/column/ls-election-who-will-be-the-leader-of-the-opposition-in-the-new-lok-sabha/20140522.htm, May 22, 2014
http://www.tanjona.org/sortir-de-limpasse-politique-dix-propositions-pour-le-regime/
http://www.vie-publique.fr/actualite/dossier/election-presidentielle-2012/president-republique-quels-pouvoirs-depuis-reforme-2008.html
http://www.vie-publique.fr/decouverte-institutions/citoyen/participation/voter/election/quelle-est-utilite-opposition-democratie.html
http://zeenews.india.com/news/india/no-minimum-percentage-of-seats-required-for-leader-of-opposition-lok-sabha-secretariat_1486327.html
https://electionlawindia.wordpress.com/tag/salary-and-allowances-of-leaders-of-opposition-in-parliament-act/, May 19, 2014
https://www.facebook.com/gloubglouba/posts/759916887403518?comment_id=759974520731088&offset=0&total_comments=7&notif_t=share_reply
https://www.facebook.com/ndimby.tribune/posts/881917818493964?comment_id=884003594952053&offset=0&total_comments=10&ref=notif&notif_t=share_reply
https://www.facebook.com/sylvain.rafiadanantsoa/posts/749172231788941?comment_id=749717925067705&offset=0&total_comments=20&ref=notif&notif_t=feed_comment_reply

Annexe 1

Extrait de la Constitution malgache de 2010 qui institutionnalise l'opposition et son chef

Art.14 : […] La Constitution garantit le droit d'opposition démocratique. Après chaque élection législative, les groupes politiques d'opposition désignent un chef de l'opposition. A défaut d'accord, le chef du groupe politique d'opposition ayant obtenu le plus grand nombre de suffrages exprimés lors du vote est considéré comme chef de l'opposition officiel. […]

Article 78.- […] L'opposition a droit à un poste de vice-président et préside au moins l'une des commissions.

Annexe 2

Extraits de la loi n°2011-013 portant statut de l'opposition et des partis d'opposition

Art. 2 – Est d'opposition au sens de la présente loi, tout parti légalement constitué ou groupe politique et qui développe pour l'essentiel des positions et des opinions différentes de celles du Gouvernement.

L'appartenance à l'opposition doit faire l'objet d'une déclaration officielle et publique et doit être enregistrée au Ministère de l'Intérieur

Art. 5 – L'opposition est dirigée par un Chef de l'opposition officiel.

Art. 6 – Après chaque élection législative, les groupes politiques remplissant les conditions exigées par l'article 2 ci-dessus et qui se déclarent officiellement d'opposition désignent d'un commun accord un Chef de l'opposition officiel.

A défaut d'accord, le chef du groupe politique d'opposition ayant obtenu le plus grand nombre de suffrages exprimés lors du vote est considéré comme Chef de l'opposition officiel.

Si le Chef de l'opposition officiel n'est pas un parlementaire, il bénéficie d'office du statut de député et siège de droit au sein de l'Assemblée Nationale

Art. 9 – […] si le Chef de l'opposition officiel n'assure pas pleinement son rôle, il peut encourir une destitution à la demande de trois quarts des députés de l'opposition par le procédé d'un vote secret.

Art. 16 – Le Chef de l'opposition officiel représente l'opposition pour la bonne marche des affaires de l'Etat et pour la représentation démocratique du régime. Pour l'effectivité de cette fonction de représentation, les droits suivants sont reconnus au Chef d'opposition officiel :

1. le droit d'appartenance de plein droit au bureau de l'Assemblée Nationale ;

2. le droit à la couverture médiatique des manifestations liées à l'accomplissement de sa mission ;

3. le droit de prendre la parole en premier pour une durée de quinze minutes lors des sessions réservées aux questions au Gouvernement ;

4. le droit de réplique aux messages et autres interventions médiatisées du Président de la République ou du Chef du Gouvernement ;

5. le droit de participer à la réunion des conférences des Présidents de l'Assemblée nationale ;

6. le droit d'avoir un rang protocolaire équivalent à celui de Vice Président de l'Assemblée Nationale ;

7. le droit de recevoir ou d'être reçu par les missions diplomatiques accréditées à Madagascar et les personnalités étrangères en visite à Madagascar ;

8. le droit d'être invité dans toutes les cérémonies officielles de la République ;

9. le droit de participer aux missions intérieures et extérieures qu'exige le travail parlementaire ;

10. le droit de proposer la nomination de :

- deux membres au sein du Haut Conseil pour la Défense de la Démocratie et de l'Etat de Droit ;
- trois membres au sein de la Commission électorale nationale indépendante ;
- un membre du Conseil National de la Justice.

Annexe 3

Avis de la Haute Cour Constitutionnelle[149]
qui fait qu'au final,
il n'y a pas d'opposition officielle
ni de chef de l'opposition au Parlement

[…] qu'aux termes de l'article 14 alinéa 6 de la Constitution, « après chaque élection législative, les groupes politiques d'opposition désignent un chef de l'opposition.

[…] Considérant que dans le cadre de la démocratie représentative, la notion de « groupe politique d'opposition » concerne les groupes parlementaires […]

En conséquence, la Haute Cour Constitutionnelle émet l'avis que :

Article 2.- L'opposition est essentiellement représentée par l'opposition parlementaire constituée par l'ensemble des partis politiques qui ne forment pas la majorité parlementaire

NDLR : À noter les termes « partis politiques », ce qui, *stricto sensu* exclu les associations et les indépendants. À noter aussi les termes « l'ensemble des partis », comme si un parti ne suffisait pas pour constituer une opposition. Par exemple, un parti ayant un seul et unique député.

[149] N°04-HCC/AV du 17 septembre 2014 relatif à une demande d'avis sur le cadre institutionnel d'exercice du statut de l'opposition 19 septembre 2014 - Avis

Annexe 4

Loi n° 2015 – 020 relative à la structure nationale indépendante chargée de l'organisation et de la gestion des opérations électorales dénommée « Commission électorale nationale indépendante » (CENI) <u>qui contredit la loi sur l'opposition</u>

Article 15 – La formation permanente de la Commission électorale nationale indépendante est un organe collégial constitué de neuf (9) membres dont :

- une personnalité désignée par le Président de la République ;
- une personnalité élue par le Sénat ;
- une personnalité élue par l'Assemblée nationale ;
- une personnalité élue par la Haute Cour Constitutionnelle ;
- une personnalité élue par la Cour Suprême ;
- une personnalité élue par l'Ordre des Avocats ;
- une personnalité élue par l'Ordre des journalistes ;
- deux personnalités élues par les organisations de la société civile légalement constituées œuvrant dans le domaine de l'observation des élections

Loi n°2015-001 relative au Haut Conseil pour la Défense de la Démocratie et de l'Etat de Droit <u>qui contredit la loi sur l'opposition</u>

Art.5.- Le HCDDED est composé de 9 membres reconnus sur le plan national pour leur intégrité, leur compétence et leurs expériences dans une discipline intéressant le HCDDED, dont :

1. Une personnalité désignée par le Président de la République,

2. Une personnalité élue par le Sénat ;

3. Une personnalité élue par l'Assemblée nationale ;

4. Une personnalité élue par la Haute Cour Constitutionnelle

5. Une personnalité élue par la Cour Suprême réunie en assemblée générale

6. Une personnalité élue par les organisations ou associations légalement constituées oeuvrant pour la démocratie et/ou l'Etat de droit ;

7. Une personnalité issue des organisations ou associations pour la défense des droits de l'homme élue par la Commission nationale indépendante des Droits de l'Homme (CNIDH) ;

8. Une personnalité élue par l'Ordre des Journalistes ;

9. Une personnalité élue par l'Ordre des Avocats.

Le mandat des membres du HCDDED est de cinq ans non renouvelables [...]

Annexe 5

Mandat impératif

Le mandat impératif à Madagascar est compris comme étant l'obéissance de l'élu (ici, le député) aux directives du parti[150].

Ainsi, c'est le parti qui donne des consignes de vote. Si l'élu ne suit pas, il est démis de ses fonctions par le parti. Son opposé serait « la liberté totale de conscience ».

---

[150] Exemple 1 : La Constitution en son Art.72.- Durant son mandat, le député ne peut, sous peine de déchéance, changer de groupe politique [...]. La déchéance d'un député peut également être prononcée par la Haute Cour Constitutionnelle s'il dévie de la ligne de conduite de son groupe parlementaire.
Exemple 2 : La HCC dit « « le député, mandataire de l'autorisation à exercer le pouvoir œuvre dans l'intérêt de la Nation et la représente entièrement et non les individus qui l'ont élu et encore moins le parti ou groupe de partis qui l'a représenté aux élections ». Avis n°01-HCC/AV du 29 avril 2015 sur la constitutionnalité de la création d'un groupe parlementaire dont les membres sont issus d'un autre groupe parlementaire portant la même dénomination mais différenciée seulement par un numéro d'ordre.
Exemple 3 : des commentateurs de la Constitution disent : « Toutefois, l'impérativité du mandat, c'est-à-dire le fait de ne pas pouvoir changer de parti ou de groupe politique [...] ». In Projet de constitution, présenté au référendum du 17 novembre 2010 ANNOTE Auteurs des annotations : KETAKANDRIANA Rafitoson, Noro RAZAFIMANDIMBY, Estelle ANDRIAMASY, Sandratririna ANDRIAMBOLATIANA, Lucien RAZAFINDRAIBE, Jean Eric RAKOTOARISOA, Jean-Aimé A. RAVELOSON Réalisation : YLTP & KMF/CNOE en partenariat avec : Friedrich-Ebert-Stiftung (FES). Coordination : Jean-Aimé RAVELOSON, Antananarivo, octobre 2010

Mais dans les lexiques, mandat impératif veut dire : « Conception du mandat politique selon laquelle les élus, tenant leur mandat des électeurs de leur circonscription (souveraineté populaire), doivent se conformer à leurs directives et peuvent être révoqués par eux. »[151]

C'est-à-dire qu'il s'agit davantage des électeurs que du parti. Son opposé est le mandat représentatif (souveraineté nationale).

Le cas malgache :

La Constitution dit : Art.71 : « Le député exerce son mandat suivant sa conscience [...] ». C'est-à-dire qu'il n'y a pas de mandat impératif (directives dictées par ses électeurs ou son parti).

Puis, la Constitution se contredit :

Article 72.- « [...] La déchéance d'un député peut également être prononcée par la Haute Cour Constitutionnelle s'il dévie de la ligne de conduite de son groupe parlementaire ». Ici, le groupe (et non parti ni électeurs) pose une ligne de conduite.

- Jean Eric RAKOTOARISOA, constitutionaliste analyse en co-auteur dans un livret d'annotation : « Un député ne peut changer de « couleur politique » durant son mandat, sinon il perd son titre de député de Madagascar. L'avantage de cette disposition est d'éviter les différents changements de positions politiques effectuées par les parlementaires ». Il évoque même le terme « mandat impératif » (« Toutefois, l'imperativité du mandat, c'est-à dire le fait de ne pas pouvoir changer de parti ou de groupe politique, peut être perçu par une partie de la population comme une atteinte à la liberté du parlementaire »). In Projet de constitution, présenté au référendum du 17 novembre 2010 ANNOTE

---

[151] Sources : Lexique des termes juridiques, 12ème édition, Dalloz, 1999, 560p

Auteurs des annotations : KETAKANDRIANA Rafitoson, Noro RAZAFIMANDIMBY, Estelle ANDRIAMASY, Sandratririna ANDRIAMBOLATIANA, Lucien RAZAFINDRAIBE, Jean Eric RAKOTOARISOA, Jean-Aimé A. RAVELOSON Réalisation : YLTP & KMF/CNOE en partenariat avec : Friedrich-Ebert-Stiftung (FES).
Coordination : Jean-Aimé RAVELOSON, Antananarivo, octobre 2010.

- Jean-Eric RAKOTOARISOA, en tant que président de la HCC et avec elle écrit au contraire : en reprenant la décision n°12-HCC/D3 du 11 février 2015 « le député [...] représente [la Nation] et non les individus qui l'ont élu et encore moins le parti ou groupe de partis qui l'a représenté aux élections [...]; que d'autre part, le député-représentant est [...] libre dans l'exercice de son mandat [...] ». in Avis n°01-HCC/AV du 29 avril 2015 sur la constitutionnalité de la création d'un groupe parlementaire dont les membres sont issus d'un autre groupe parlementaire portant la même dénomination mais différenciée seulement par un numéro d'ordre.

La loi sur les partis est claire quand la Constitution dit tout et son contraire. Un élu ne peut pas changer de parti politique, mais curieusement peut se déclarer indépendant : Art. 25 – Sous peine de déchéance, tout titulaire de mandat public électif ne peut changer de parti autre que celui au nom duquel il s'est fait élire durant son mandat, sauf à siéger comme indépendant durant tout son mandat. Loi n° 2011- 012 relative aux partis politiques.

À notre avis, la liberté totale de conscience est le meilleur système, pas le mandat impératif. Néanmoins, à Madagascar, il est peut-être finalement souhaitable d'avoir un « deuxième mal nécessaire » que ce mandat impératif tant que la pratique politique ne change pas.

Annexe 6

Le cas Mauricien

Le poste de leader de l'opposition est toujours pourvu à dans la République de Maurice. Voyons d'abord la Constitution puis étudions des cas:

Art.73. Leader of Opposition :

(1) There shall be a Leader of the Opposition who shall be appointed by the President.

(2) Where the President has occasion to appoint a Leader of the Opposition, he shall in his own deliberate judgment appoint –

(a) where there is one opposition party whose numerical strength in the Assembly is greater than the strength of any other opposition party, the member of the Assembly who is the leader in the Assembly of that party; or (b) where there is no such party, the member of the Assembly whose appointment would, in the judgment of the President, be most acceptable to the leaders in the Assembly of the opposition parties

Ici s'ouvre une grande parenthèse. Le point (b) oblige l'existence d'un leader de l'opposition –après avoir mis en oeuvre tous les mécanismes de repêchage-. Un citoyen mauricien lambda dira „ Il est impossible que le poste de leader de l'opposition soit vacant, c'est dans la Constitution". L'histoire de Maurice (né en 1968) enseigne que ce poste a toujours été pourvu.

Cela est intéressant pour le Malgache car, comme à Maurice, le poste de leader de l'opposition est aussi dans la Constitution mais est vacante.

Une théorie qui vient de Madagascar se construit alors pour dire qu'il est possible que le poste de Leader de l'opposition soit vacant à Maurice. Cela pour les besoins de la cause à savoir: justifier qu'à Madagascar le poste est vacant car il n'y a aucun opposant à l'Assemblée nationale malgache.

Cette théorie se base sur le fait que la récupération des perdants (députés correctifs) via le best looser system est essentiellement à base ethnique et non politique. Donc le principe serait de récupérer les ethnies sous-représentées à l'Assemblée nationale et non pas les partis sous-représentées. Deux cas sont alors avancées où le chef de l'opposition serait vacant :

<u>1er cas</u>: tous les députés élus sont pro régime (60-0), en même temps, l'équilibre ethnique est respectée donc point besoin de mettre le système du meilleur perdant en branle et en plus les deux députés de Rodrigues s'alignent avec le régime. Le résultat: il n'y a aucun opposant dans l'Assemblée nationale donc, pas de chef de l'opposition.
<u>2ème cas</u> : tous les députés élus sont pro régime (60-0), en même temps, après utilisation du BLS, les députés correctifs sous le motif de l'ethnie se rallie au pouvoir et en plus les deux députés de Rodrigues s'alignent avec le régime. Le résultat: il n'y a aucun opposant dans l'Assemblée nationale donc, pas de chef de l'opposition. Dans ces deux cas, le parrallèlle avec Madagascar qui n'a pas non plus de chef de l'opposition serait justifié!

Or:

- Du point de vue pragmatique et historique, cela n'est jamais arrivé et il y a très peu de chance que cela se produise.
- Du point de vue du droit, le chef de l'opposition est un poste politique, pas ethnique. Quel que soit la configuration ethnique, la politique doit prendre le dessus concernant le chef de l'opposition. Il en faut donc toujours puisque le poste est juridiquement consacré dans la Constitution. Et si

le BLS sert l'aspect ethnique, il sert aussi, même en seconde considération à la politique.

- Du point de vue de la science politique spécifique à Maurice, les partis se sont érigés à partir de la lutte pour l'indépendance. La majorité Hindoue s'est battue pour l'indépendance, et en face la population générale (d'origine africaine dont malgache, française, chinoise et musulmane- ici il désigne une population...-) était contre car avait peur d'une domination hindoue une fois au pouvoir. Les partis politiques se sont alors formés de cette manière. Et la minorité a voulu des garanties de protection de leur droit avant que Maurice n'accède à l'indépendance. Le chef de l'opposition qui représenterait toujours la minorité a entre autre créé pour cela.

Du point de vue de la science politique en générale, lors d'une élection sauf cas du parti unique, il y a toujours au moins un concurrent qui peut ne pas être élu et qui peut être un opposant à récupérer, par exemple avec le BLS. Et enfin, le BLS sert bel et bien et la représentation ethnique et la représentation politique: « the 8 additional seats are allocated to NON-ELECTED PARTY candidates in order to ensure a fair and adequate representation of each community AND party in the assembly, along the following lines: [...].» http://m.govmu.org/English/News/pages/NewsDetails.aspx?ItemId=1849

Remerciements à Me Olivia RAJERISON pour les premières bibliographies. Également à Charles Ranavela et Raniriharinosy Harimanana, docteur en science politique, enseignant-chercheur pour la relecture.

« Faire de la politique n'est pas seulement
le devoir des politiciens.
C'est aussi le vôtre.
Diriger votre propre pays n'est pas seulement l'affaire
des politiciens. C'est aussi le vôtre. »

Une tendance à abhorrer la politique est très forte à Madagascar et dans les pays non-occidentauxau profit généralement de la société civile.

R.OTAYEK par exemple :

« La première [la société civile] serait la figure paradigmatique du Bien (consensus, vertu, coopération) alors que la seconde [la politique] incarnerait celle du Mal (dissension, vice, corruption). Il y a incontestablement une dimension auto-prophétique dans la manière dont la société civile se représente (et est fréquemment représentée par les bailleurs de fonds et les ONG, de plus en plus méfiants envers l'État et ses institutions).

« Vu d'Afrique. Société civile et démocratie.
De l'utilité du regard décentré »,
Revue internationale de politique comparée
2002/2 (Vol. 9), p. 193-212. DOI 10.3917/ripc.092.0193

Table des matières

Océan Indien

aux éditions L'Harmattan

Dernières parutions

LA JEUNESSE ÉTUDIANTE ET L'INDÉPENDANCE DES COMORES
Djoumoi Ali Madi
Cet ouvrage retrace l'histoire du mouvement estudiantin comorien, l'ASEC (Association des stagiaires et étudiants comoriens), très actif dans les années 1970 et 1980, pour souligner le rapport existant entre le progrès de l'enseignement et la formation d'une conscience nationale en faveur de la décolonisation par la mobilisation pour la révolution nationale démocratique et populaire.
(Coll. Océan Indien, 26.00 euros, 250 p.,)
ISBN : 978-2-343-05247-2, ISBN EBOOK : 978-2-336-37332-4

MAYOTTE
État des lieux, enjeux et perspectives
Regards croisés sur le dernier-né des départements français
Sous la direction de François Hermet Préface de Françoise Rivière
Pendant des dizaines d'années, Mayotte n'a pensé qu'à la départementalisation : c'est chose faite depuis le 31 mars 2011. Bien que légitime ce combat politique d'un demi-siècle a vraisemblablement occulté tous les autres, en particulier celui relatif au développement de cet étroit territoire. Mayotte reste aujourd'hui la région française la moins avancée au plan économique et social. Par son positionnement interdisciplinaire, cet ouvrage propose une analyse globale des spécificités de Mayotte.
(25.00 euros, 244 p.)
ISBN : 978-2-343-05682-1, ISBN EBOOK : 978-2-336-37222-8

«LA GUERRE» DE 1811
Ou la révolution des esclaves de Saint-Leu, île Bourbon (La Réunion)
Gérard Gilles
Voici le résultat de recherches sur la seule révolte d'esclaves effective sur l'Île de la Réunion. En 1811, alors que l'île était sous domination anglaise, plus de 200 esclaves se sont dressés contre l'oppression du système esclavagiste. Cette révolte s'organisa dans les hauts de Saint-Leu, commune privée d'eau qui voyait les esclaves venant des propriétés diverses se rassembler quotidiennement au bassin d'eau et penser la révolte à l'abri des regards des maîtres. Les évènements se termineront tragiquement pour les révoltés.
(Coll. Historiques, 14.00 euros, 134 p.)
ISBN : 978-2-343-05484-1, ISBN EBOOK : 978-2-336-36870-2

LE COLONEL RATSIMANDRAVA HÉROS TRAGIQUE DU NATIONALISME MALGACHE
Saura André
Lorsque Philibert Tsiranana, président de la première République de Madagascar remet, le 18 mai 1972, les pleins pouvoirs au général Ramanantsoa, une nouvelle ère politique s'ouvre dans le pays. L'incompétence avérée de ce gouvernement et les rivalités personnelles et tribales en son sein, conduiront Ramanantsoa à confier le pouvoir à Richard Ratsimandrava, alors ministre de l'Intérieur. Le 11 février 1975, après seulement six jours passé au faîte de la nation, le nouveau chef de l'État était assassiné... à l'initiative de commanditaires discrets.
(Coll. Océan Indien, série Etudes, 24.50 euros, 232 p.)
ISBN : 978-2-343-05441-4, ISBN EBOOK : 978-2-336-36999-0

COMORES (LES)
Pour une indépendance financière et monétaire de l'archipel
Saïd Abdillah Saïd Ahmed
Préface de Mamdou Koulibaly
Les Comores n'ont pas l'attribut reconnu à tout État souverain, celui de battre la monnaie. Elles ne peuvent être vraiment indépendantes tant qu'elles ne quittent pas la zone franc CFA et ne se dotent pas d'une monnaie nationale. Il s'agit donc pour l'archipel de se diriger vers son indépendance économique, financière et monétaire et de suivre l'exemple positif des pays de l'océan Indien occidental, comme l'île Maurice ou les Seychelles, qui réalisent de belles prouesses économiques.
(Coll. Océan Indien, 19.00 euros, 190 p.)
ISBN : 978-2-343-04025-7, ISBN EBOOK : 978-2-336-36526-8

LA RÉCONCILIATION NATIONALE À MADAGASCAR
Une perspective complexe et difficile
Imbiki Anaclet
Préface de Jean Omer Beriziky
La population de Madagascar est composée officiellement de 18 ethnies ayant eu chacune un royaume indépendant. Les guerres intestines, la guerre d'unification menée par les souverains Mérina successifs et l'introduction du christianisme ont rendu difficile la constitution de la nation malgache malgré une base de culture et de racine de langues communes incontestable. La barbarie des violences coloniales et les différentes crises politiques contemporaines n'ont bien sûr pas favorisé non plus cette émergence.
(49.00 euros, 530 p.)
ISBN : 978-2-343-04147-6, ISBN EBOOK : 978-2-336-36598-5

CAMÉRA REBELLE
Un portrait du réalisateur Benoît Ramampy
Blanchon Karine
Préface du Pr. Françoise Raison-Jourde
Réalisateur atypique et passionné, Benoît Ramampy est né à Ambalavao en 1947, il a traversé les grands événements de son pays, Madagascar. Agitateur pudique mais déterminé, il n'a eu de cesse de vouloir faire des films, offrant au cinéma malgache ses premières récompenses internationales. L'histoire de cette

cinématographie méconnue se déroule sous couvert des relations ambiguës entretenues entre la France et Madagascar.
(Coll. Images Plurielles, 20.00 euros, 200 p.)
ISBN : 978-2-343-05304-2, ISBN EBOOK : 978-2-336-36718-7

FEUILLETONS DES COLONIES (Volume I) Maurice
Des poèmes et feuilletons pour découvrir l'Histoire des Iles-Sœurs Bourbon et Maurice et pour suivre les abolitions de l'esclavage en marche
Textes rassemblés et commentés par Fabienne Jean-Baptiste
Cet ouvrage regroupe des poèmes et récits extraits des journaux de Bourbon et de Maurice de 1817 à 1848. Parus dans la rubrique «feuilletons» des journaux insulaires, ces textes, majoritairement des poèmes, apparaissent comme de fines réparties, réactions aux événements qui bouleversent les colonies dans cette première moitié du XIXe siècle. Au fil des feuilletons, se précisent les mentalités, les marches vers l'abolition de l'esclavage...
(26.00 euros, 222 p.)
ISBN : 978-2-343-02293-2, ISBN EBOOK : 978-2-336-36153-6

FEUILLETONS DES COLONIES (Volume II) Bourbon
Des poèmes et feuilletons pour découvrir l'Histoire des Iles-Sœurs Bourbon et Maurice et pour suivre les abolitions de l'esclavage en marche
Textes rassemblés et commentés par Fabienne Jean-Baptiste
Ce volume donne à découvrir les poèmes écrits par les Créoles et Européens de Bourbon et imprimés dans la presse bourbonnaise de 1820 à 1848. Des commentaires éclairent les allusions aux personnages et faits historiques. Ces feuilletons témoignent des mentalités coloniales en même temps qu'ils tournent une page de l'Histoire réunionnaise, clôturant le chapitre de la société esclavagiste de Bourbon.
(22.00 euros, 220 p.)
ISBN : 978-2-336-30320-8, ISBN EBOOK : 978-2-336-36154-3

CULTURE ET IDENTITÉS : APPROCHES CLINIQUES, SOCIOLOGIQUES ET ANTHROPOLOGIQUES
Kabaro 12, 13
Sous la direction d'Y.-L. Live et J.-F. Hamon
Les identités culturelles constitutives des identités individuelles sont questionnées au travers d'une double approche s'inscrivant dans les champs de la clinique interculturelle, transculturelle et freudienne, de la psychosociologie et de l'anthropologie de la construction identitaire dans des contextes complexes à Madagascar et Mayotte. L'approche clinique est complétée par l'évaluation psychométrique du développement cognitif et de ses troubles en contexte multiculturel à la Réunion.
(16.50 euros, 146 p.)
ISBN : 978-2-343-04194-0, ISBN EBOOK : 978-2-336-36226-7

DÉFENSE ET DÉFENSEURS DE L'ÎLE BOURBON (1665-1810)
Fontaine Olivier
Comment et par qui l'île Bourbon est-elle défendue entre 1665, date de son peuplement officiel et 1881, année de la prise de l'île par les Anglais ? Quelles

stratégies sont successivement élaborées et mises en place ? De quels matériaux et matériels Bourbon bénéficie-t-elle pour sa défense ? La présente étude tente de répondre précisément à ces questions et inventorie tous les obstacles qui pénalisent cette organisation et qui favorisent la conquête de l'île par les Anglais.
(Coll. Chemins de la Mémoire, série Histoire de l'océan Indien, 49.00 euros, 572 p.)
ISBN : 978-2-343-02465-3, ISBN EBOOK : 978-2-336-35333-3

OBSERVATOIRE DE LA VIE PUBLIQUE À MADAGASCAR
SeFaFi - Préface de Jean-Michel Dewailly
Sont réunis ici les communiqués publiés par le SeFaFi (Observatoire de la vie publique à Madagascar) de sa création en 2001 à 2013, fin de la Transition ouverte en 2009. Se démarquant d'une société civile prisonnière du consensus et de la sacralisation du pouvoir, le SeFaFi ne se contente pas de réagir à l'événement ; il observe, analyse, interpelle si nécessaire, et fait part de ses recommandations dès lors que la démocratie et l'État de droit lui semblent être menacés. Cette période est dominée par Marc Ravalomanana, pour s'achever avec l'interminable Transition dirigée par Andry Rajoelina.
(41.00 euros, 434 p.)
ISBN : 978-2-343-03487-4, ISBN EBOOK : 978-2-336-35454-5

CRÉOLISATION, PLURILINGUISMES ET DYNAMIQUES SOCIALES
Conduire des recherches en contexte plurilingue : le cas de Maurice
Tirvassen Rada
Cette étude est un questionnement de l'ensemble des interprétations opérées sur le plurilinguisme mauricien pendant ces trente dernières années. À cet égard, elle interroge la manière dont les sociolinguistes ont conçu leurs objets de recherche, élaboré leurs outils conceptuels et choisi les approches méthodologiques pour faire «du terrain». Elle trace, par ailleurs, des pistes pour d'autres types de recherches sociolinguistiques en contexte plurilingue.
(Coll. Espaces discursifs, 25.00 euros, 248 p.)
ISBN : 978-2-343-03355-6, ISBN EBOOK : 978-2-336-35544-3

EN SUIVANT LES MOUSSONS
Voyageurs et marchands sur les routes de l'Océan indien (IXe-XVIe siècle)
Unali Anna
Dans cette immense zone que l'Océan Indien représente, le fait de suivre les moussons a impliqué, pendant des siècles, de naviguer le long de routes déterminées par les vents périodiques. Au cours de l'année, ceux-ci prennent deux directions alternatives : nord-est et sud-ouest. Ainsi, ce sont les localités d'intérêt commercial qui deviennent les foyers incontournables d'un réseau complexe de relations, assurant le déplacement de quantités importantes de produits, entre des territoires très éloignés les uns des autres...
(Harmattan Italia, 34.00 euros, 312 p.)
ISBN : 978-2-336-30702-2, ISBN EBOOK : 978-2-336-35338-8

L'HARMATTAN ITALIA
Via Degli Artisti 15; 10124 Torino
harmattan.italia@gmail.com

L'HARMATTAN HONGRIE
Könyvesbolt ; Kossuth L. u. 14-16
1053 Budapest

L'HARMATTAN KINSHASA
185, avenue Nyangwe
Commune de Lingwala
Kinshasa, R.D. Congo
(00243) 998697603 ou (00243) 999229662

L'HARMATTAN CONGO
67, av. E. P. Lumumba
Bât. – Congo Pharmacie (Bib. Nat.)
BP2874 Brazzaville
harmattan.congo@yahoo.fr

L'HARMATTAN GUINÉE
Almamya Rue KA 028, en face
du restaurant Le Cèdre
OKB agency BP 3470 Conakry
(00224) 657 20 85 08 / 664 28 91 96
harmattanguinee@yahoo.fr

L'HARMATTAN MALI
Rue 73, Porte 536, Niamakoro,
Cité Unicef, Bamako
Tél. 00 (223) 20205724 / +(223) 76378082
poudiougopaul@yahoo.fr
pp.harmattan@gmail.com

L'HARMATTAN CAMEROUN
BP 11486
Face à la SNI, immeuble Don Bosco
Yaoundé
(00237) 99 76 61 66
harmattancam@yahoo.fr

L'HARMATTAN CÔTE D'IVOIRE
Résidence Karl / cité des arts
Abidjan-Cocody 03 BP 1588 Abidjan 03
(00225) 05 77 87 31
etien_nda@yahoo.fr

L'HARMATTAN BURKINA
Penou Achille Some
Ouagadougou
(+226) 70 26 88 27

L'HARMATTAN SÉNÉGAL
10 VDN en face Mermoz, après le pont de Fann
BP 45034 Dakar Fann
33 825 98 58 / 33 860 9858
senharmattan@gmail.com / senlibraire@gmail.com
www.harmattansenegal.com

L'HARMATTAN BÉNIN
ISOR-BENIN
01 BP 359 COTONOU-RP
Quartier Gbèdjromèdé,
Rue Agbélenco, Lot 1247 I
Tél : 00 229 21 32 53 79
christian_dablaka123@yahoo.fr

Achevé d'imprimer par Corlet Numérique - 14110 Condé-sur-Noireau
N° d'Imprimeur : 134004 - Dépôt légal : novembre 2016 - *Imprimé en France*

www.ingramcontent.com/pod-product-compliance
Lightning Source LLC
LaVergne TN
LVHW051401061026
849535LV00009B/3296
* 9 7 8 2 3 4 3 1 0 4 8 2 9 *